El Templo de Dios

Ministerio Sacerdotal

Volumen III

Manual ICM

DRS. JOSE Y LIDIA ZAPICO

Nuestra Visión

Alcanzar las naciones llevando la autenticidad de la revelación de la Palabra de Dios, para incrementar la fe y el conocimiento de todos aquellos que lo anhelan fervientemente; esto, por medio de libros y materiales de audio y video.

Publicado por
JVH Publications
11830 Miramar Pwky
Miramar, Fl. 33025
Derechos reservados

© 2016 JVH Publications (Spanish edition)

Primera Edición 2016
© 2016 Jose y Lidia Zapico © 2016
Todos los derechos reservados.

ISBN 1-59900-134-9

Diseño de la portada e interior: Esteban Zapico
Corrección: Sarahi Leal
Imágenes e ilustraciones: Usadas con permiso de Shutterstock.com.y Wikipedia.org
Impreso en USA (Printed in USA)
Categoría: Profecía y Teología

Índice

Lección 1   7
Dando Vida en Medio de la Muerte

Lección 2   13
Deberes Básicos del Sacerdote

Lección 3   23
El Incienso Para Jehová y el Humo Blanco

Lección 4   33
Cirsto, Ofrenda de la Primicia

Lección 5   43
La Expiación

Lección 6   53
Jesucristo en el Ministerio Sacerdotal

Lección 7   61
El Sueño de David Fue Construir Una Casa a Dios

Lección 8   67
Restauración del Tabernáculo de David

Lección 9   77
La Llave de David

Lección 10   87
Sadoc La Imagen del Sacerdocio Fiel

Bibligrafía   97

OBJETIVO DEL ESTUDIO

El objetivo de este manual es para que cada estudiante entienda la grandeza del ministerio sacerdotal a través de las edades. Descubre los detalles del servicio del sacerdocio en el Antiguo Testamento como el Tabernáculo de David y el rol que ambos tienen en la iglesia del día de hoy. Verás cómo Dios, en su infinita sabiduría, tenía un plan desde el principio, por medio de la descendencia del Rey David para traer al Mesías al mundo para salvar a la humanidad.

El Autor

Lección 1

Dando Vida en Medio de la Muerte

Las Escrituras enseñan que ningún ser humano podía tener trato directo con el Dios creador. Esto fue debido a la desobediencia que desde el principio levantó un muro de separación. Si recordamos Adán después de su caída, ya no se podía comunicar cara a cara con Dios como al principio lo hacía. (fue sacado del jardín del Edén y no estaba calificado aún para retomar lo perdido). Mientras que Dios seguía moralmente correcto, santo, permaneciendo inconmovible en carácter y personalidad.

La maldición de la muerte cayó a toda la raza humana comenzando por Adán, pasando a las siguientes generaciones.

Cuando el pecado entró en el mundo, resurgió la muerte y entonces la humanidad necesito de un altar en el cual se ofreciera una víctima. Eso era necesario realizarse por causa de la justicia que exigía Dios, aunque con el derramamiento de sangre de animales, sólo cubriría el pecado, no lo quitaría del medio. Al tomar dominio la muerte física sobre el hombre, ésta solo podría ser anulada y removida siendo debidamente confrontada, desde su misma base; la muerte. ¿Cómo se haría eso? A Adán se le promete que su generación no sería abandonada sino que Dios vendría en forma de hombre y moriría como sacrificio por la humanidad y restablecería la comunión perdida.

Solo por la muerte de un inocente; el cual ocupara el lugar del penitente, se lograría quitar la maldición de la muerte (*física y espiritual*) que cayó sobre el hombre.

Juntamente con el altar y la víctima surge la actividad intermediaria, ya que se necesitaba de un hombre designado para ejercer el servicio sacerdotal, es decir: un mediador entre el pecado y Dios. De ahí la necesidad del ministerio sacerdotal, que establecería la justicia perfecta de la vida incorruptible, expresada por la sangre de la ofrenda, ya que la víctima se consideraba como "la ofrenda" para quitar la culpa del convicto.

Después de la Caída Se Necesitaría un Intermediario

Satán con sus anfitriones se enojó con Dios y quiso gobernar al par de Él. Cuando la rebelión entró en el santo Monte, el Dios eternal arrojó fuera de su presencia al controversial adversario y sus socios. Porque dice en la Palabra: *"que cosa inmunda no entrará"*; refiriéndose a su santuario.

El cuerpo de Adán y Eva recibió una trasformación total al desobedecer, creyéndole más a las mentiras de Satanás que a la verdad de Dios. Ese cambio se vio en su cuerpo el cual era puro. Ya sus ojos no verían claramente el mundo espiritual y a los ángeles de Dios. Éstos se volvieron opacos sin poder ver más allá de lo físico. El pecado hizo que sus genes cambiaran totalmente, ahora tenía que realizar todas las cosas con su propio esfuerzo. El pecado hizo que se levantara una barrera entre el hombre y su creador.
Al entrar en sus cuerpos *el pecado original* pasó a toda la raza humana a través de los genes en su sangre. Eso hizo que se levantara una barrera que impediría el acceso

directo a Dios.

Solo Un Mediador Podía Dar Acceso Al Rey.

En la "ley Persa" la persona que se atreviera a entrar sin tener una cita previa, definitivamente debería morir. Por lo tanto, si alguien quería entrevistarse con Dios, de la misma manera debería en primer lugar ser aceptado y citado por Él; (como en el caso de Esther y los protocolos del rey) y segundo tener un intermediario, que le concediera una cita y lo presentara.

Un mediador es alguien que se pone entre el hombre y Dios. Este es el significado del sacerdote.

Dios no se olvida de la necesidad del hombre, más bien ya tenía preparado al último Adán, el hijo de Dios hecho carne, que concluiría la obra de la redención del hombre en la cruz del calvario. La gracia estaría presente como un regalo a la humanidad hasta que llegara el tiempo del fin en el cual el rey se establecería para gobernar.

LA IGLESIA FUE LLAMADA PARA EJERCER EL MINISTERIO SACERDOTAL

El sacerdote es un siervo de Dios que se interpone entre el penitente y la muerte para dar perdón y vida. La iglesia en todo el mundo como gentil recibe directamente del Señor este privilegio. El ministerio sacerdotal solo lo ejercía los descendientes de Leví, sin embargo la Iglesia entra según la orden de Melquisedec, siendo la cabeza Cristo y sumo sacerdote del mismo. El propio Señor Jesús previó esto al decirle a los religiosos judíos:

Por tanto os digo, que el reino de Dios será quitado de vosotros, y será dado a gente que produzca los frutos de él. Mateo 21:43 RVR1960

Más tarde, Pedro escribe dando énfasis, que los redimidos son hechos participantes del llamamiento celestial, siendo linaje escogido y real sacerdocio, refiriéndose a la importancia del llamado y de su gran responsabilidad de dar vida a través del mensaje del evangelio a los que están muertos en sus delitos y pecados. Esto nos confirma que los gentiles (no Israelitas) siendo miembros del cuerpo de Cristo tienen ahora una conexión directa con **el gran Sumo Sacerdote Jesucristo**, que es semejante a la relación que tenía el pueblo de Israel con el Sumo Sacerdote Aarón.

Es en la carta a los Hebreos, que se trata este asunto, la cual la podemos bautizar como el Levítico neo-testamentario. Si nos preguntamos cual es el significado del continuo trabajo del Señor como Sumo Sacerdote, la respuesta es: traer vida sobre la muerte y anular la operación del reinado de la muerte espiritual.

El mayor conflicto de la iglesia es con la muerte espiritual. Cuanto más espiritual se torna un hombre, más consciente está él de la horrible realidad de esta batalla contra el

poder maligno de la muerte.

Cuando las Escrituras hablan acerca de la muerte como el postrer enemigo, esto no sólo significa que es lo último en ser vencido, sino que es el enemigo extremo. La muerte siempre toma ventaja por causa del pecado, la respuesta a esto es vida por medio del sacrificio de sangre. Ella habla de una justicia aceptada, por medio de esto el sacerdote era competente para dar muerte, rociar la sangre y ministrar perdón y vida. En verdad, no hay ministerio más necesario en la tierra hoy que este servicio que irradia vida.

La iglesia es llamada a ministrar verdades que transmiten vida, si el mensaje no logra esto se está desperdiciando el tiempo.

Dios no nos comisionó para ser meros transmisores de información sobre las cosas divinas, o profesores de moralidad. Él nos libertó de nuestros pecados para que pudiésemos ministrar vida a otros en virtud de la autoridad sacerdotal que emerge de Cristo.

Jesús mismo se autodenominó como la VIDA cuando dijo: *Jesús le dijo: Yo soy el camino, y la verdad, y la vida; nadie viene al Padre, sino por mí. Juan 14:6.*

El mismo Juan lo identifica en su primer capítulo como aquel que portaba la vida y era la luz de los hombres. Muchas veces en su epístola, Juan se refería a Jesús como aquel que tenia vida en sí mismo y se la daba a quien él quería, una virtud recibida directamente de su Padre (Juan 5:26). Jesús se refirió a sí mismo como el pan que da vida, sustenta y alimenta al hombre, un pan que descendió del cielo, directamente enviado por la voluntad de Dios. (Juan 6:33;51) Jesús siempre reconoció a su Padre como el Dios viviente, el cual proporciona vida eterna a quien Él quiere. (Juan 5:21). Mientras que el Aposto, Pedro en su discurso de Pentecostés lo describe como el "Autor de la Vida".

Así también está escrito: Fue hecho el primer hombre Adán alma viviente; el postrer Adán, espíritu vivificante. 1 Corintios 15:45

Vivimos en un mundo donde reina la muerte espiritual y física, por causa del pecado o desobediencia a los mandatos de Dios. El evangelio ofrece vida porque son las buenas nuevas al pecador. Es necesaria la actividad de todos aquellos que quieran anunciarlo porque ayudarán a cambiar a muchos la muerte por vida espiritual.

Pablo dijo: *no me avergüenzo del Evangelio porque es poder de Dios.* Todos los verdaderos cristianos deben ministrar a Cristo, la esencia de la vida; no meras doctrinas sobre él, no meras palabras o entretenimiento, sino el impacto vital que solo Cristo trae en términos de vida.

Todo creyente es llamado para posicionarse entre los muertos.

...El ladrón no viene sino para hurtar y matar y destruir; yo he venido para dar vida y vida en abundancia. Juan 10:10 ^{RVR1960}

Israel perdió este ministerio cuando Jesús antes de expirar en la cruz del calvario dijo: "consumado es" (Juan 19:30) entonces desde el costado abierto de Jesús surgió la iglesia para dar continuidad a este ministerio. Con la veracidad que ya no sería un pueblo localizado en un territorio, sino el cuerpo de Cristo, esparcido por toda la tierra, un pueblo cuya suprema vocación es mantener la victoria de Dios sobre la muerte. Así lo declaró Jesús mismo a Juan en visión, diciendo:

17 ...Yo soy... 18 el que vivo, y estuve muerto; mas he aquí que vivo por los siglos de los siglos, amén. Y tengo las llaves de la muerte y del Hades. Apocalipsis 1:18 ^{RVR1960}

Este testimonio fue confiado a la iglesia primitiva y con el tiempo los Apóstoles lo presentaron entre las naciones.

Parece estar faltando en varios aspectos hoy en día en la iglesia, este mensaje valioso el cual es dar vida al que está muerto.

Dios no nos ha llamado simplemente a dar conferencias o charlas, el evangelio tienen una batalla contra la muerte y tiene el poder concedido por Cristo, para dar vida.

Hoy, más que nunca, tenemos el llamado de sanar a los corazones heridos y dar vida a los que espiritualmente están muertos en sus pecados, sanar a los enfermos y definitivamente de ejercer este glorioso ministerio dado a la Iglesia.

Lección 2

Deberes Básicos del Sacerdote

Consagración de los Sacerdotes

Y matarás el carnero, y tomarás de su sangre y la pondrás sobre el lóbulo de la oreja derecha de Aarón, sobre el lóbulo de la oreja de sus hijos, sobre el dedo pulgar de las manos derechas de ellos, y sobre el dedo pulgar de los pies derechos de ellos, y rociarás la sangre sobre el altar alrededor. Éxodo 29:20 RVR1960

La consagración de los Sacerdotes fue la apertura oficial para ejercer públicamente el ministerio. Era el procedimiento del reconocimiento divino a los consagrados para el servicio del Señor. La consagración de los sacerdotes fue un acto inolvidable para cada uno de la familia de Leví; en la tierra se estaba estableciendo uno de los ministerios más santos relacionados con la presencia misma del Dios Eterno. Aarón con sus hijos serían separados y ungidos oficialmente para el sacerdocio santo. Para ello se tenía que matar una novilla roja para ser depositada su sangre en tres de sus más importantes partes del cuerpo:

- **Sobre el lóbulo de la oreja derecha** (para oír las instrucciones de Dios).
- **Sobre el dedo pulgar de la mano derecha** (Para hacer todo rectamente conforme la orden de Dios).
- **Sobre el dedo pulgar del pie** (para que su caminar dentro y fuera del templo, estuviera bien encaminado y guiado a la santidad).

¿Por qué el lado derecho? Esto fue debido a que el lado derecho era considerado superior, con más fuerza y habilidad (porque la mayoría de las personas son diestras). Dios quería que lo mejor fuera dedicado para Él, el obrar, el caminar y el oír del sacerdote debía ser consagrado. Aarón y sus hijos también fueron rociados con la sangre del sacrificio junto con el aceite de la unción. La sangre por sí sola no era suficiente, Dios quería que la sangre estuviera fusionada con el aceite.

Debía de haber una combinación de ambos, el sacrificio y la unción. No hay unción si primero no hay entrega con sacrificio.

Luego toma parte de la sangre del altar y parte del aceite de la unción, y rócialo sobre Aarón y sus hijos, y sobre sus vestiduras. De esta manera, ellos y sus vestiduras quedarán consagrados. Éxodo 29:21 NTV

Ellos deberían de obrar diferente a los demás, debido a que la sangre estaba en su pulgar de las manos. Ellos deberían de caminar diferente debido a que la sangre estaba en el pulgar de su pie derecho.

Debes de aplicar la sangre sobre tus oídos para que sean abierto diariamente para que puedas escuchar bien lo que Dios te quiere hablar.

Ritual Para la Purificación de los Leprosos Curados

El sacerdote era el único que daba el consentimiento si una persona estaba sanada de lepra. Tenía que ser siempre parcial y juzgar correctamente, especialmente al ver las llagas de los enfermos con lepra, sobre él recaía grande responsabilidad al declarar lo que veía. Solo el Sacerdote podía declarar que estaba libre de la lepra y permitirle volver al penitente regresar a su vida normal. Ese acto se llamaba el purificar a la persona. La palabra purificar en hebreo es /*taher*/ que significa: limpio, incontaminado. Este verbo y su adjetivo, relativo, /*tahor*/, designan la purificación o limpieza física, ceremonial y moral; por lo tanto, puede referirse al oro puro, las ofrendas puras (Levítico 14) y a un corazón puro (Salmos 51:10) *Comentario Biblia Plenitud*.

Este ritual de la purificación, se llamaba el de la restauración.

*…Y dijo Moisés a Aarón: Acércate al altar, y haz tu expiación y tu holocausto, y haz la **reconciliación** por ti y por el pueblo; haz también la ofrenda del pueblo, y haz la **reconciliación** por ellos, como ha mandado Jehová. Levítico 9:7* ᴿⱽᴿ¹⁹⁶⁰

En este acto también estaban envueltos el sacerdote, sangre y el aceite de la unción.

A continuación untará un poco del aceite que está en la palma de la mano sobre la sangre de la ofrenda por la culpa que está en el lóbulo de la oreja derecha, en el pulgar de la mano derecha y en el dedo gordo del pie derecho de la persona que está siendo purificada. 29 El sacerdote untará el resto del aceite que le quede en la mano sobre la cabeza del que está siendo purificado. Mediante este proceso, el sacerdote purificará a la persona ante el Señor. Levítico 14: 28-29 ᴺᵀⱽ

Al ser ungido con aceite encima de la sangre, el sacerdote estaba reconciliando al leproso sanado con Dios nuevamente.

Todo siervo del Señor consagrado y puro tiene la unción sobre su vida del ministerio de la reconciliación. En el Antiguo Pacto el sacerdote decidía si el leproso estaba sano.
En el Nuevo Pacto el siervo de Dios ministra al pecado bajo el mismo ministerio llamado "el de la reconciliación". Pablo conocía esta la ley de la purificación del leproso, por eso se refirió en varias ocasiones acerca del ministerio de Cristo y de la Iglesia, como el ministerio de la reconciliación.

…Y todo esto proviene de Dios, quien nos reconcilió consigo mismo por Cristo, y nos dio el ministerio de la reconciliación; que Dios estaba en Cristo reconciliando consigo al mundo, no tomándoles en cuenta a los hombres sus pecados, y nos encargó a nosotros la palabra de la reconciliación. 2 Corintios 5:18-19. ᴿⱽᴿ¹⁹⁶⁰

El ministerio de la Reconciliación del pecador con Dios es un reflejo del ministerio sacerdotal. Cuando el pecador es restaurado de su pecado, debe completamente dejar de hacer lo que es contrario a Dios.

Es de suma importancia tener hoy en día la marca de la sangre de Cristo sobre tu vida.

¿Reconocen los espíritus de maldad en el mundo espiritual quienes son los verdaderos hijos de Dios? Claro que sí, porque hay una gran diferencia entre el redimido y el no salvo. Los redimidos no pueden ser tocados por los demonios porque tienen el sello de protección. Cada verdadero cristiano tiene dos marcas la de la sangre (que lo protege) y la del Espíritu Santo que es la marca de la garantía de Dios (la cual indica que es propiedad exclusiva del Señor).

La Sangre Rociada en Siete Lugares

Después tomará un poco de la sangre del becerro, ... También rociará la sangre siete veces con su dedo delante de la tapa de la expiación. Levítico 16:14 NTV

El séptuple rociamiento implica que la sangre era perfecta y eficaz. En el gran día de la expiación la sangre rociada debía ser efectuada sobre:

1.- La parte oeste de la tapa del Arca.
2.- Delante del propiciatorio (tapa) 7 v. x2.
3.- Delante del velo.
4.- Sobre los cuernos del Altar de oro.
5.- Sobre los cuernos del Altar de bronce.
6.- Alrededor del Altar.
7.- Al pie del Altar.

El número siete tiene que ver con abundancia, plenitud e integridad.

Rociados Por Su Sangre

La palabra "rociar" en el original hebreo es /zaraq/ y significa: arrojar, regar, tirar, lanzar, esparcir ampliamente. En el Antiguo Testamento esta palabra es mencionada 35 veces, y de ellas hay 26 que tiene que ver con rociar la sangre sobre el altar del sacrificio y propiciatorio.

Así como el sacerdote tenía que rociar siete veces sobre el propiciatorio, así mismo Jesucristo derramó su sangre en siete oportunidades diferentes. Jesús como cordero de Dios y a la vez como Sumo Sacerdote hizo el sacrificio perfecto. En cada uno de esos lugares Él rompió las diferentes maldiciones en que la raza humana había caído. En cada una se puede contemplar la obra maravillosa de Cristo. (para más información acerca de este tema puedes leer el libro *El Poder de la Sangre* por el Dr. Jose Zapico).

LA INTERCESIÓN

El más alto honor del Sacerdote era Interceder por el pueblo. El ministerio de intercesión era parte de la adoración frente al Altar de Incienso. El Sumo Sacerdote constantemente estaba ejerciendo su ministerio a favor del pueblo, al realizar las ofendas, al quemar especies aromáticas y cuidar como legislativos que el pueblo cumpliera las leyes del Señor. En las vestimentas del Sumo Sacerdote encima del Efod sobre su pecho, se sostenía el Pectoral de oro con engarce de doce piedras preciosas. Este pectoral era sostenido desde sus hombros de piedras de ónice, en la cual estaban grabadas los doce tribus de Israel; seis de cada lado. El Sumo Sacerdote llevaría sobre sus hombros la carga de todo el pueblo diariamente.

¿Qué es la Oración Intercesora?

La oración intercesora es una oración hecha a favor de otra persona y no simplemente por uno mismo. Un intercesor es uno que toma el lugar del que no puede hacerlo, e intercede a Dios por ayuda. Se pone en medio entre Dios y la persona con su necesidad, para que la intervención divina opere a su favor. En el Antiguo Testamento vemos la importancia de hombres de Dios que sus oraciones cambiaron el rumbo de la historia. Dios mismo nombra a tres siervos el cual Él mismo los reconoce como los únicos delante de Él.

Si no hubiera sido por la intercesión de Moisés frente al Dios eterno el Pueblo de Israel hubiera sido borrado de la faz de la tierra.

La Biblia nombra varios intercesores por excelencia:

- Abraham (Génesis 18: 16-22)
- Moisés (Éxodo 32:31-32)
- Daniel (Daniel 9)
- Jesús (Juan 17)

Jesucristo es nuestro modelo para la oración intercesora. Jesús se presenta ante Dios y el hombre pecador, tal como los sacerdotes del Antiguo Testamento lo hicieron:

Porque hay sólo un Dios, y un mediador (intercesor) entre Dios y el hombre, Cristo Jesús 1 Timoteo 2:5 ^RVR1960

Entonces, ¿quién nos condenará? Nadie, porque Cristo Jesús murió por nosotros y resucitó por nosotros, y está sentado en el lugar de honor, a la derecha de Dios, e intercede por nosotros. Romanos 8:34 ^NTV

Por lo cual puede también salvar perpetuamente a los que por él se acercan a Dios, viviendo siempre para interceder por ellos. Hebreos 7:25 ^RVR1960

- Nuestro Sumo Sacerdote comprende nuestras debilidades.

*Así que acerquémonos con toda confianza al trono de la gracia de nuestro Dios. Allí recibiremos su **misericordia** y encontraremos la gracia que nos **ayudará** cuando más la necesitemos. Hebreos 4:16 NTV*

A Jesucristo, el Intercesor delante de Dios a favor del pueblo.

¿Quién es el que condenará? Cristo es el que murió; más aun, el que también resucitó, el que además está a la diestra de Dios, el que también intercede por nosotros. Romanos 8:34 RVR1960

Jesús fue un intercesor mientras estuvo aquí en la tierra. Oró por aquellos que estuvieron enfermos y poseídos por demonios. Antes de ir a la cruz intercedió por los que habían conocido y los que le conocerían, pidió al Padre que los guardase del mal pero que no los quitara de la tierra (Juan 17). Después de subir al cielo en una nube sigue intercediendo a la diestra del Dios Padre. Ahora nosotros podemos ejercer la intercesión eficaz por medio del poder de la unción del Espíritu Santo.

Ahora el Espíritu Santo gime dentro de nosotros con gemidos indecibles. Romanos 8:26 RVR1960

POR LA PALABRA DE LOS SACERDOTES SE DECIDÍA TODA DISPUTA Y TODA OFENSA

Cada Sacerdote sabía la autoridad que reposaba sobre su vida y lo importante que era cada palabra que salía de sus labios. Los levitas tenían que bendecir el nombre de Jehová, y por la palabra pronunciada por sus bocas se decidía toda disputa, ofensa o contradicción entre los hijos de Israel. A los hijos descendientes del Sacerdote Sadoc se le aviso que juzgarían los pleitos conforme a los justos juicios de Dios. Guardarían sus fiestas solemnes y santificarían los días de reposo.

15 Mas los sacerdotes levitas hijos de Sadoc, que guardaron el ordenamiento del santuario cuando los hijos de Israel se apartaron de mí, ellos se acercarán para ministrar ante mí, y delante de mí estarán para ofrecerme la grosura y la sangre, dice Jehová el Señor. ... 24 En los casos de pleito ellos estarán para juzgar; conforme a mis juicios juzgarán; y mis leyes y mis decretos guardarán en todas mis fiestas solemnes. Ezequiel 44:15-24 RVR1960

No siempre los sacerdotes mantuvieron fidelidad y autoridad para juzgar al pueblo. Hubo un tiempo que pusieron a quienes ellos creyeron convenientes, sin contar con la voluntad de Dios, así dice la palabra: ...

10 ...Sólo los descendientes de Aarón sirven al Señor como sacerdotes, y sólo los levitas pueden ayudarlos en su trabajo.11 Ellos presentan ofrendas quemadas e incienso aromático al Señor cada mañana y cada tarde. Colocan el pan de la Presencia en la mesa sagrada y encienden cada noche el candelabro de oro. Nosotros seguimos las instrucciones del Señor nuestro Dios, pero ustedes lo han abandonado. 1 Crónicas 13: 10-11 ^NTV

Hoy como en ese tiempo, muchos son los que se colocan en posiciones ministeriales sin que Dios los haya llamado o separado en santidad. Solo ensucian el altar en el cual nunca la presencia cae ni se manifiesta, porque han usado métodos bajo sicología humana de motivación y exaltación del yo, orgullo, y operando bajo espíritus de mentiras sin nunca conocer los secretos de la presencia de Dios. Funciones básicas del sacerdote en el templo de Jerusalén en el Antiguo Testamento. Para entender lo que hemos analizado nombraremos las funciones básicas que un Sacerdote y levita debía hacer cada día.

- El Sacerdote tenía que preparar el incienso y prender el fuego. El fuego arderá continuamente en el altar; no se apagará (Levítico 6:13).
- Atendía a la gente cuando estaban enfermos (lepra)(Levítico 13:2).
- Ejercía el ministerio de Juez entre el pueblo. (Levítico 19:15).
- Cantaba y adoraba delante del altar de Dios.
- Era un intercesor entre Dios y el pueblo.
- Se ponía delante de Dios y del sacrificio para ejercer la expiación por los pecados del que traía la ofrenda. (Éxodo 30:10).
- La carga del pueblo caía sobre sus hombros Éxodo 28:12 Y pondrás las dos piedras sobre las hombreras del efod, para piedras memoriales a los hijos de Israel; y Aarón llevará los nombres de ellos delante de Jehová sobre sus dos hombros por memoria.
- Tenía la revelación de Dios. A través de la Lámpara de siete brazos que estaba en el lugar Santo cuando tenía que consultar a Dios sacaba las dos piedras llamadas Urim y Tumim de su bolsillo del pectoral, y lo colocaba frente la luz de la lámpara que representa la plenitud del Espíritu de Dios y ahí se iluminaba el lugar mostrando y revelando la orientación de ese momento.

…Y pondrás en el pectoral del juicio Urim y Tumim, para que estén sobre el corazón de Aarón cuando entre delante de Jehová; y llevará siempre Aarón el juicio de los hijos de Israel sobre su corazón delante de Jehová. Éxodo 28:30 ^RVR1960

- Comía y vivía de las ofrendas que el pueblo ofrecía.
- Era cuidador del tesoro del Señor que estaba en el Templo.

Los pastores que pastorean la grey del Señor saben que pertenecen al cuerpo de Cristo y cada uno ejerce una función:

- Siempre prenden con el fuego del Espíritu las almas del pueblo de Dios, Es el encargado de apasionarse del Señor para dar esperanza a otros.

- Oran por la gente en su Nombre para sanidad
- Predican el evangelio para que reciban el perdón de sus pecados, como los leprosos eran presentados delante de los sacerdotes y ellos verificaban si estaban sanados.
- Cada pastor es consejero y aún juzga y exhorta a los que caminan por lugares torcidos.
- Oran al Padre constantemente por su grey.
- Son responsables de las ofrendas que trae el pueblo delante de Dios para ser buenos administradores de los bienes del Señor.
- La carga del pueblo cae sobre sus hombros. En Ezequiel está escrito acerca de los malos pastores y de los que le agradan a Dios.
- Dios le da revelación y discernimiento a través del Espíritu Santo.
- Viven de las ofrendas que el pueblo trae a Dios, porque el obrero es digno de su trabajo.
- Son responsables de ser buenos administradores de las cosas santas de Dios.

Que Dios bendiga a su Iglesia para brillar en medio de la oscuridad de este mundo, y que cada ministerio establecido llegue a glorificarle en toda su plenitud, llegando a la estatura del varón perfecto que es Cristo.

Notas

_____

_____

_____

_____

_____

_____

_____

_____

_____

_____

Lección 3

El Incienso Para Jehová y el Humo Blanco

Antes del Pacto de Dios a Moisés, los jueces e incluso los príncipes como cabezas de familias, ejercían la función sacerdotal, recordemos a Noé (Génesis 8:20) Abraham (Génesis 12:7) Jacob (Génesis 35:7). Cuando Moisés subió al Monte Sinaí recibió las instrucciones para el ministerio Levítico Sacerdotal y su desempeño en la ley de Dios. El ministerio sacerdotal le fue designado a Aarón hermano de Moisés y a sus descendientes. (Números 3:10) (2 Crónicas 26:16-19). Una de la funciones generales del ministerio sacerdotal era ministrar en el Santuario a favor del pueblo de Israel. El Sacerdote era asignado para oficiar primeramente ante los dos altares y delante del Arca Del Pacto.
En diferentes oportunidades los reyes de Israel confundieron su llamado y quisieron ejercer el ministerio sacerdotal, lo cual no fue aprobado por Dios y culminó en tragedia. Para entender con profundidad como se manejaba el tema del santuario de Dios vamos a investigar paso a paso la función sacerdotal.

Hijos míos, no os engañéis ahora, porque Jehová os ha escogido a vosotros para que estéis delante de él y le sirváis, y seáis sus ministros, y le queméis incienso. 2 Crónicas 29:11 RVR1960

EL ALTAR DE SACRIFICIO

Delante del "Altar de sacrificio o matanza" el sacerdote presentaba las ofrendas traídas por el pueblo a Dios. Su trabajo era el de degollar las víctimas y conceder el perdón de los pecados correspondiente. Frente al altar de bronce el Sacerdote era un intermediario entre Dios y el hombre pecador; también representaba al pueblo ante Dios. Quitaba la vida (a través del derramar de la sangre de la ofrenda o víctima) para cubrir la deuda que el hombre tenía delante de Dios. La ofrenda era conforme las posibilidades de una persona, de carácter vacuno, ave, u ofrenda mecida que se relacionaba con los granos de la tierra. En los libros de Moisés, encontramos cinco clases de sacrificios.

Ofrenda:
1. La expiatoria
2. Por el pecado
3. Holocausto
4. De paz
5. Ofrenda de cereal

EL ALTAR DE INCIENSO

7 Y Aarón quemará incienso aromático sobre él; cada mañana cuando aliste las lámparas lo quemará. 8 Y cuando Aarón encienda las lámparas al anochecer, quemará el incienso; rito perpetuo delante de Jehová por vuestras generaciones. Éxodo 30:7-8 RVR1960

Los sacerdotes debían de quemar incienso dos veces al día, en la mañana y al caer la tarde. Era conocido como lugar de Adoración, el perfume para Dios. El Sacerdote cantaba alabanzas y adoraba a Dios mientras encima del fuego esparcía incienso aromático, esto hacía que el lugar Santo se llenara de perfume agradable como una suave nube. El Sacerdote era asignado para interponerse delante del pecado y abogar por el pecador. Esta acción se llama intercesor. En Éxodo encontramos mandamientos referidos directamente al incienso, /ketoret/; éstas son:

1- Se tenía que ofrecer dos veces diariamente incienso en el Altar de oro de Incienso.
2- No se podía ofrecer incienso extraño, sino el requerido por Dios (no se podía cambiar la fórmula del incienso).

La ofrenda sobre el Altar de Incienso era una ofrenda de granos, donde el incienso se espolvoreaba sobre ella causando un grato olor. Era en la fiesta de las primicia que cada hijo de Dios honraba a su creador con los granos primeros de su cosecha. Como se ha mencionado anteriormente la raíz, de la palabra incienso, es /ketoret/, en el cual se rociaba sobre las ofrendas de grano, se asocia a /kitur/, que es: *amarrado, ligado, unido*. Por lo cual, en una fácil interpretación podemos concluir que en el momento de elevar la ofrenda quemada, con el incienso, es una adoración en la cual Dios la recibe como perfumada una ofrenda de gratitud y reconocimiento por todo lo recibido de Él.

Cómo Se Elaboraba el Incienso Aromático

Entonces el SEÑOR le dijo a Moisés: «Junta especias aromáticas, gotas de resina, caparazón de moluscos y gálbano— y mezcla estas especias aromáticas con incienso puro, todo en cantidades iguales. Con la misma técnica que emplea el fabricante de incienso, combina todas las especias y rocíalas con sal para producir un incienso puro y santo. Muele una parte de la mezcla hasta convertirla en un polvo fino y colócalo frente al arca del pacto, donde me encontraré contigo en el Tabernáculo. Todos deben tratar este incienso como algo sumamente santo. Nunca usen la fórmula para elaborar incienso para ustedes; está reservada para el SEÑOR, y deben tratarlo como algo santo. Cualquiera que prepare incienso igual a este para uso propio será excluido de la comunidad». Éxodo 30:34-38 NTV

Vemos entonces lo delicado de la elaboración del perfume para la adoración. Por lo tanto sacamos en conclusión que: **la adoración nos acerca más que la ofrenda, aunque las dos son importantes. Jesús es la ofrenda quemada y la de holocausto, es el perfume para Dios.** Así nosotros derramamos nuestra alabanza y sube como perfume delante de Él. Como hemos dicho la adoración nos une a Dios en forma especial.

El Candelero de Oro

La lámpara en el Lugar Santo le daba luz al sacerdote para ministrar delante del Señor. En Éxodo 30:7 nos da la referencia de la unidad que tenía la adoración con el Espíritu Santo que representaba las siete llamas de los brazos del Candelero. A la mañana alistaba las lámparas, y al atardecer las prendía. Esta función estaba unida al incienso lo cual iban juntos.

La Luz de la revelación que es Cristo con la adoración e intercesión, siempre van de acuerdo con el Espíritu Santo el cual revela todas las cosas. No se puede adorar sin la ayuda del Espíritu Santo.

EL ARCA DEL PACTO

Una vez al año entraba al lugar santísimo donde estaba el Arca de la Alianza, allí rociaba siete veces la sangre sobre el arca para perdón de todo el pueblo de Israel. Primeramente para beneficio de sí mismo *como hombre* (ya que era pecador y necesitaba también del perdón por sus pecados). Segundo para beneficio del pueblo de Israel. En otro capítulo ampliamos este concepto.

LA MESA DE LA PREPOSICIÓN

En el lugar Santo estaba el mueble de la mesa de los panes, los cuales *Santos serán a su Dios, y no profanarán el nombre de su Dios, porque las ofrendas encendidas para Jehová y el pan de su Dios ofrecen; por tanto, serán santos. Levítico 21:6* RVR1960

La mesa del pan era otro recordatorio visual del pacto de Dios con Israel. Dios prometió ser el Dios de ellos y eso implicaba ser el proveedor y la presencia para las doce tribus de Israel. Mientras tanto el pueblo también prometió ser fiel y obediente a Dios a sus mandamientos. En la cultura antigua la personas sellaban el Pacto con comida, formalizaban los acuerdos y los unía en una estrecha relación.
Ejemplo:

- Abraham con el Rey de Salem (Génesis 14:18).
- Isaac y Abimelec (Génesis 26:30).
- Jacob con Labán (Génesis 31:44-46).
- Moisés con los 70 ancianos (Éxodo 24:1-11).

El Sacerdote Enseñará la Ley de Dios al Pueblo Correctamente

Ésta era una de sus responsabilidades más importantes. Esta es otra de la gran actividad el cual el Sacerdote representaba.

- **Era ungido con el aceite de la Unción.** Su estilo de vida debía ser totalmente en consagración, pureza y santidad en todas las áreas de su vida (Levítico 21:6, Levítico 8:12).

- **Debían de cuidar cuidadosamente del libro escrito por Moisés,** guardado cuidadosamente dentro del Arca del Pacto. *Y cuando se siente sobre el trono de su reino, entonces escribirá para sí en un libro una copia de esta ley, del original que está al cuidado de los sacerdotes levitas. Deuteronomio 17:18* RVR1960 Durante el período de los reyes el libro de la ley se perdió hasta que el rey Josías hizo una reforma en la casa de Dios arreglando las grieta, el Sumo Sacerdote Hilcías encontró el *"libro de la ley"* y se lo entregó al escriba para que lo leyera delante del Rey (2 Reyes 22:8).

Muchas veces la gente está sirviendo en la casa de Dios y no profundiza lo que dice la Palabra, solo el Espíritu de Dios en ella trae convicción y cambios. Si la Palabra no se lee, los ídolos y el derrumbe espiritual comienza a surgir. Si el rollo de la ley estaba perdido quiere decir que hubo un tiempo que los sacerdotes no hicieron correcto su trabajo.

- Los sacerdotes eran responsables del dinero del templo. ... dice en *2 Reyes 12:10* RVR1960*...Y cuando veían que había mucho dinero en el arca, venía **el secretario del rey** y el **sumo sacerdote**, y contaban el dinero que hallaban en el templo de Jehová, y lo guardaban.*

- El más alto honor de ser Separado (Santo para el Señor). *Santos serán a su Dios, y no profanarán el nombre de su Dios, porque las ofrendas encendidas para Jehová y el pan de su Dios ofrecen; por tanto, serán santos. Levítico 21:6* RVR1960.
El Sacerdote, tenía que proceder diferente a los demás del pueblo porque sobre ellos había un oficio santo el cual ejercían. Sus hijos formaban parte de este llamado y sobre ellos también requería estricto cuidado (Levítico 21).

- La Unción Sacerdotal. *Y el sumo sacerdote entre sus hermanos, sobre cuya cabeza fue derramado el aceite de la unción, y que fue consagrado para llevar las vestiduras, no descubrirá su cabeza, ni rasgará sus vestidos. Levítico 21:10* RVR1960
Los Sacerdotes, Reyes y Profetas eran los únicos en el Antiguo Testamento que podían ser ungidos. La palabra *unción,* viene del hebreo que significa: *"frotar con aceite para consagrar algo o alguien para una determinada encomienda".*

Es la habilidad de Dios sobre la inhabilidad del hombre.

La unción produce un efecto lo cual trae la presencia de Dios a través del Espíritu Santo. Era la evidencia al derramarse sobre la cabeza (aceite) que Dios lo había llamado para una tarea específica. (Éxodo 28:41).
Tanto el Sumo Sacerdote como los sacerdotes y levitas debían andar todos los días ungidos delante del Señor ejerciendo su llamado.(1 Samuel 2:35).

La unción divina los capacitaba para la gran responsabilidad sacerdotal.

El altar del incienso era un mueble dentro del Lugar Santo en el templo de Dios, ubicado frente al velo que separaba el lugar Santo del Santísimo. Este mueble fue construido de madera de acacia revestido por fuera en oro. Tenía una rejilla para el fuego y cuatro cuernos en cada esquina. El elemento esencial era el desprendimiento del perfume de las especies que se iban a quemar encima de la rejilla, cuyo humo llenaría de olor grato todo el ambiente del templo.

Hizo también el altar del incienso, de madera de acacia; de un codo su longitud, y de otro codo su anchura; era cuadrado, y su altura de dos codos; y sus cuernos de la misma pieza. *Éxodo 37:25*
RVR1960

El ministerio que desenvolvía el Sacerdote delante del altar del incienso estaba relacionado con: la adoración, el incienso o perfume aromático, que representan las oraciones de los santos que sube delante de Dios como olor fragante, tal la adoración frente al trono de Dios.

El altar de oro o incienso representa las oraciones de los santos elevadas delante de Dios, pues el Apóstol Juan las vio en el cielo.

*Otro ángel vino entonces y se paró ante el **altar**, con un incensario de oro; y se le dio mucho **incienso** para añadirlo a las oraciones de todos los santos, sobre el **altar** de oro que estaba delante del trono. Apocalipsis 8:3* RVR1960

EL FUEGO EN EL ALTAR

Según el Diccionario R.A.E. la palabra Fuego: *es una reacción química de oxidación rápida que es producida por la evolución de la energía en forma de luz y calor.* Si lo comparamos con el fuego de Dios se define casi similar porque éste quemaba y consumía todo lo que abrazaba. En el caso del altar de Incienso, solo era para quemar perfume y eso se realizaba a través del humo que soltaba la madera aromática. En el altar de Bronce en la entrada del Tabernáculo, se usaba para consumir el holocausto traído como ofrenda a Dios.

En el libro de Levítico encontramos que dice que desde el cielo, Jehová mando fuego y prendió la leña que estaba en el altar de bronce. !Que asombroso! Dios mismo prendió el fuego y la orden era que nunca se debía apagar. (Levítico 9:24) De ese mismo fuego se tenía que tomar para encender las siete mechas del candelabro así como las brasas del altar del Incienso.

Nadie puede definir con exactitud los componentes del fuego de Dios porque es espiritual. Se sabe también que el fuego de Dios es celestial.

Podemos observar que el fuego de Dios no fue la primera vez que se manifestó en el Tabernáculo, anteriormente Dios se movió en una columna de fuego, desde ahí guiaba a su pueblo por el desierto. También descendió sobre el Arca del Pacto juntamente con la gloria de Dios. Cuando el profeta Elías invocó a Jehová frente a un altar que levanto con 12 piedras, (frente a los dioses paganos de Baal y Asera), cayó fuego del cielo consumiendo todo.

Cuando Dios derramó de su Espíritu Santo en la fiesta del Pentecostés, a todos los presentes les apareció una llama de fuego sobre su cabeza.

El Señor quiere llenar a su Iglesia del fuego de Dios, la pasión por Él y por las almas perdidas. *¡El fuego de Dios en tu vida no se puede apagar; pídele que te bautice cada día con Espíritu Santo y fuego!*

EL INCIENSO DE DIOS

La palabra incienso, viene del latín y significa: encender. Se obtiene de la preparación de resinas aromáticas sacadas de la corteza de algunos árboles. Al quemarlas suavemente suelta perfume a través del humo.

Jehová Dios de Israel, pidió que el Altar de Incienso fuera para quemar madera seleccionada por Él, para que el perfume aromático subiera hasta su presencia.

La raíz de la palabra incienso es [*ketoret*], se puede asociarla a [*kitur*], que es "*amarrado*", "*ligado*", "*unido*". Por lo cual, en una fácil interpretación podemos entender que en el momento de elevarse el incienso, representa que la persona se adhiere a Dios su creador, lo cual es la fuente de la vida eterna. Mientras que con relación al altar de bronce, donde también estaba el fuego de Dios, analizamos que la palabra que denomina para referirse *"sacrificio"* en honor a Jehová, es [*korbán*], cuya raíz lingüística se asocia a [*karob*], que es, *"cercano"*, *"próximo"*, es decir: el pecador por intermedio de su ofrenda, (animal o vegetal), se le permitía acercarse a Dios Jehová de Israel.

LA ELABORACIÓN DEL INCIENSO

Éxodo 30:34-38 *..Entonces el SEÑOR le dijo a Moisés: Junta especias aromáticas*
- **gotas de resina,**
- **caparazón de moluscos** y
- **gálbano—** y mezcla estas especias aromáticas con
- **incienso puro,** todo en cantidades iguales. (v.35). Con la misma técnica que emplea el fabricante de incienso, combina todas las especias y
- **rocíalas con sal** para producir un incienso puro y santo.

[36] *Muele una parte de la mezcla hasta convertirla en un polvo fino y colócalo frente al arca del pacto, donde me encontraré contigo en el Tabernáculo. Todos deben tratar este incienso como algo sumamente santo.* [37] *Nunca usen la fórmula para elaborar incienso para ustedes; está reservada para el SEÑOR, y deben tratarlo como algo santo. 38 Cualquiera que prepare incienso igual a este para uso propio será excluido de la comunidad.*

El incienso era una parte muy importante en el Tabernáculo y luego en el Templo de Dios, éste representaba la adoración del pueblo, la adoración nos acerca al arca y ésta hace que el alma se quebrante y se aliste para recibir la presencia de Dios, que hace que reciba su presencia y sea ministrada. La adoración nos acerca a Dios, más que la ofrenda, aunque las dos son importantes.

Jesús es la ofrenda del holocausto quemada y ofrecida para Dios como olor agradable. Es el perfume aceptado por Dios. Así nosotros derramamos nuestra alabanza y adoración para que suba como perfume agradable, delante de Él.

INTERCESIÓN FRENTE AL ALTAR DEL INCIENSO

En el libro de Éxodo, encontramos tres mandamientos referidos directamente al incienso y éstas son:

1. **Ofrecer dos veces diariamente incienso en el Santuario.** La alabanza debe estar de continuo en la boca de los hijos de Dios

2. **No ofrecer incienso extraño.** Eso significa que cuando cantamos ni la música ni el ritmo nos debe recordar las fiestas de los bailes, del mundo cuando andábamos en el pecado. La música debe ser inspirada por el espíritu de Dios porque es una música única para Dios.

3. **No cambiar la fórmula del incienso ordenada por Jehová.** Muchos mezclan hoy en día la formas de adorar creyendo que tocando como toca los conjuntos mundanos atraeremos a las personas a la Iglesia sin embargo, no nos damos cuenta que eso es abominación al Señor, porque su altar y su templo es santo.

Así como Dios pidió incienso para que estuviera presente en su templo, Satanás también imita y exige a la gente su propia adoración e incienso.

NOTAS

_____

_____

_____

_____

_____

_____

_____

_____

LECCIÓN 4

CRISTO, OFRENDA DE LA PRIMICIA

El Templo era un lugar para adorar a Dios y este se hacía a través de las ofrendas que cada uno traía a Dios. Las ofrendas podían ser de grano, de masas de harina, aceite, frutos de los árboles, vino y ofrendas de animal para el holocausto. Los primeros frutos de los granos cosechados debían se traídos al templo para ser dedicados a Jehová. La ofrenda de grano era de lo que cada uno cosechaba de su tierra. Dios le dio instrucciones a Moisés cuando salieron del desierto:

Habla a los hijos de Israel y diles: Cuando hayáis entrado en la tierra que yo os doy, y seguéis su mies, traeréis al sacerdote una gavilla por primicia de los primeros frutos de vuestra siega. Y el sacerdote mecerá la gavilla delante de Jehová, para que seáis aceptos. Levítico 23:10-11 ᴿⱽᴿ¹⁹⁶⁰

...cuando comencéis a comer del pan de la tierra: ofreceréis ofrenda a Jehová. Números 15:19 RVR1960

Por 40 años en el desierto el pueblo de Israel, comieron maná del cielo enviado por Dios, sin embargo cuando llegaron a la tierra prometida el maná cesó. Ahora le tocaba a ellos trabajar la tierra, sembrar y recoger. En Josué 5:2 al 10 se nos dice, que el pueblo tuvo que hacer nuevamente pacto con Dios; simplemente porque toda la generación de varones nacidos en el desierto, nunca se les había circuncidado.

El pueblo de Israel estaba a las puertas de un nuevo comienzo, en el cual Dios estaba cumpliendo con lo prometido, ahora en ese momento, le tocaba tomar buenas decisiones y lo más importante era renovar el pacto con Dios.

Haciendo esto entrarían en la bendición de la siembra y la cosecha. Para ello tenían que entender la bendición de dar la *primicia de los primeros frutos.*

¿Qué Significa la Palabra Primicia? en hebreo es */re'shiyth/* y significa: primero; el mejor; principio; parte bien escogida; jefe. Primicia son los primeros frutos; principio de reino y gobierno también; primogenitura. Cada vez que los Israelitas obedecían y llevaban al templo, lo primero de su cosecha, simplemente sin saberlo, estaban haciendo un acto profético. Ellos recordaban el pan del sustento que en el desierto les fue suplido. Ellos no sabían que también representaba el futuro Salvador, Cristo el pan enviado del cielo.

El pan no solo alimenta el cuerpo sino que le da energía y lo vivifica. Así es la Palabra de Dios que vivifica el alma y el espíritu del hombre.

El salmista lo expresa así. "*...Vivifícame según tu palabra, tu palabra es verdad*".

Cristo es el pan que representa la palabra Cristo es la acción de Dios mismo.

¿Qué eran las primicias de los primeros frutos? Lo primero cosechado, no solo de grano sino de lo que la naturaleza produjo en el terreno. El hombre lo tuvo que trabajar como e en el caso del pan, del vino y del aceite.

12 De aceite, de mosto y de trigo, todo lo más escogido, las primicias de ello, que presentarán a Jehová, para ti las he dado. 13 Las primicias de todas las cosas de la tierra de ellos, las cuales traerán a Jehová, serán tuyas; todo limpio en tu casa comerá de ellas. Números 18:12 RVR1960

Era de suma importancia proveer para la tribu levítica ya que ellos eran los consagrados al servicio de Dios. El pueblo traería el diezmo para que los cientos de familias levitas recibieran su provisión.

...que traeríamos también las primicias de nuestras masas,..., para los sacerdotes, a las cámaras de la casa de nuestro Dios, y el diezmo de nuestra tierra para los levitas; y que los levitas recibirían las décimas de nuestras labores en todas las ciudades; Nehemías 10:37 RVR1960

Pero aunque las ofrendas eran para el templo, todo era para el Señor porque el Señor Jehová era el dueño del Templo.

...De todos vuestros dones ofreceréis toda ofrenda a Jehová; de todo lo mejor de ellos ofreceréis la porción que ha de ser consagrada. Números 18:29 RVR1960

Cuando tú eres bendecido en lo material, no tardes en bajar a la casa de Dios para ofrendarle con amor. Si retienes tu ofrenda puedes retener la bendición que ésta conlleva a tu vida.

EL PROCESO DE LAS OFRENDAS DE LAS PRIMICIAS

Primero se desmenuzaba el grano luego se tostaba y se ponía en el Altar del Incienso mientras el sacerdote rociaba Incienso para que el perfume subiera ante la presencia de Dios.

Si ofrecieres a Jehová ofrenda de primicias, tostarás al fuego las espigas verdes, y el grano desmenuzado ofrecerás como ofrenda de tus primicias. Y pondrás sobre ella aceite, y pondrás sobre ella incienso; es ofrenda. Levítico 2:14-15 RVR1960

¡Esta era la ofrenda encendida!

Cristo fue nuestra ofrenda encendida, Él fue lleno del Espíritu Santo, en su cabeza estaba el aceite de la unción, fue ungido más que a sus compañeros, rociado con el aceite de oliva machacada, herido por nuestras transgresiones.

¿A Dónde Se Debería de Llevar?

Las primicias de los primeros frutos de la tierra se tenía que llevar a la casa de Jehová su Dios. Éxodo 34:26 RVR1960

...entonces tomarás de las primicias de todos los frutos que sacares de la tierra que Jehová tu Dios

te da, y las pondrás en una canasta, e irás al lugar que Jehová tu Dios escogiere para hacer habitar allí su nombre. Deuteronomio 26:2 ^{RVR1960}

Las primicias no se podían vender, ni consumírselas, porque le pertenecían a Dios, estas debían ser ofrecidas alegremente, como una manera de reconocer las provisiones y la salvación recibidas de parte de Dios mismo.

Cuando hay pacto, hay compromiso; eso se convierte en una relación íntima con Cristo.

Te lleva a reconocerlo en todos tus caminos. Haciendo esta acción, nunca te faltará el fruto en tu vida y la abundancia siempre estará a tu puerta. ¿Cuál crees tú que es el fruto de la abundancia? Que darás y no pedirás prestado. Que estarás satisfechos y nunca pasarás hambre, que su bendición estará sobre tu hogar siempre.

Te abrirá Jehová su buen tesoro, el cielo, … y para bendecir toda obra de tus manos. Deuteronomio 28:12 ^{RVR1960}

Este texto es el fruto visible del pacto y sus responsabilidades.

CRISTO, PRIMICIA DE TODO

Mucho antes de la fundación del mundo Cristo se presentó al Padre como ofrenda agradable y aceptó el reto que su responsabilidad dispuesto hacer en todo, la voluntad del que le había enviado.

…El hacer tu voluntad, Dios mío, me ha agradado, Y tu ley está en medio de mi corazón. Salmo 40:8 ^{RVR1960}

La ofrenda que aceptó el Dios eterno como la mejor primicia fue la de su hijo primogénito.

Antes de la creación del hombre, Dios convoca una gran asamblea en los cielos, donde le da a conocer: a los ángeles, (los llamados hijos de Dios) a los príncipes, los escribanos, consejeros y toda la corte celestial; lo que ya estaba dictado y escrito anteriormente: *que el primogénito de la creación fue el escogido por el Dios Eterno, para cumplir el plan de la redención y hacer toda la buena y agradable voluntad de su Señor Dios el Padre celestial.* Por eso escribe en su libro: *…No oculté tu misericordia y tu verdad en grande asamblea. Salmo 40:10* ^{RVR1960}

Todos fueron testigos de la gran verdad, no solo Él sería el escogido sino que a la vez vendría a manifestar el amor y el poder de Dios a través de milagros y maravillas. Esta palabra es nombrada por el autor del libro a los Hebreos, cuando dice:

⁵ Por eso, cuando Cristo vino al mundo, le dijo a Dios: Tú no quisiste sacrificios de animales ni ofrendas por el pecado. Pero me has dado un cuerpo para ofrecer. ⁶ No te agradaron las ofrendas quemadas ni otras ofrendas por el pecado. ⁷ Luego dije: "Aquí estoy, oh Dios, he venido a hacer tu voluntad como está escrito acerca de mí en las Escrituras". Hebreos 10:5-7 NTV

El escritor de Hebreos se inspiró del texto de los Salmos exactamente en el capítulo 40:6 al 8. Que dice: ...*Sacrificio y ofrenda no te agrada; Has abierto mis oídos; Holocausto y expiación no has demandado. Entonces dije: He aquí, vengo; En el rollo del libro está escrito de mí.*

Cristo Fue Echo Cabeza del Ejército Celestial

Cristo es el unigénito hijo el principio de la creación de Dios. Él como *Pan de la primicia:* es digno de recibir lo primero que ofrece la tierra. (Levítico 23:20)

Escoge lo mejor de la tierra para sí, Porque allí le fue reservada la porción del legislador. Y vino en la delantera del pueblo; Con Israel ejecutó los mandatos y los justos decretos de Jehová. Deuteronomio 33:21 RVR1960

Jesús sabía que era el primero, Él se entregó por nosotros como ofrenda de primicia, fue el grano molido para Dios. Por eso simbólicamente se hizo ofrenda agradable delante del Padre con olor grato. La mirra e incienso sobre el pan de la primicia que se rociaba, fue su sacrificio y entrega total hasta la muerte, perfume que subió al cielo, lo cual fue aceptado. Jesús sabía que el Padre le daría la Autoridad máxima al ser cabeza del Reino, además de ser Juez y Legislador.

Porque Jehová es nuestro juez, Jehová es nuestro legislador, Jehová es nuestro Rey; él mismo nos salvará. Isaías 33:22 RVR1960

Jesús sabía que Él era el primer fruto de muchos frutos. ¿Quiénes son los frutos del Señor? Los salvados son su primicia, engendrados por el Espíritu de su gracia, fruto de su sufrimiento. Así lo leemos:

...sino que también nosotros mismos, que tenemos las primicias del Espíritu, nosotros también gemimos dentro de nosotros mismos, esperando la adopción, la redención de nuestro cuerpo. Romanos 8:23 RVR1960

Jesucristo representaba los primeros frutos como dice en Isaías:

Verá el fruto de la aflicción de su alma, y quedará satisfecho; por su conocimiento justificará mi siervo justo a muchos, y llevará las iniquidades de ellos. Isaías 53:11 RVR1960

El primer fruto de su muerte y resurrección, de su obediencia y súplica. Jesús fue Primicia de los resucitados con cuerpo glorificado. Así lo testifica el apóstol Juan en la carta a los Corintios 15:20. La iglesia tiene promesa de la Resurrección de los muertos porque Cristo resucitó para ser el primero.

...y habiendo sido perfeccionado, vino a ser autor de eterna salvación para todos los que le obedecen; Hebreos 5:9 RVR1960

Cristo es el principio de la creación de Dios. Antes de Él no existía nadie ni nada. Jesús fue lo primero en ser creado.

...Él, de su voluntad, nos hizo nacer por la palabra de verdad, para que seamos primicias de sus criaturas. Santiago 1:18 RVR1960

Que el ejemplo de nuestro amado Salvador Jesucristo no solo levante nuestra fe, sino que cada día de nuestras vidas, valoremos su amor hacia la humanidad, y demos de lo mejor de nosotros como primicia a Dios; porque Él nos ha dado su ejemplo.

EL SIERVO ESCOGIDO POR EL SEÑOR

Miren a mi siervo, al que yo fortalezco; él es mi elegido, quien me complace. He puesto mi Espíritu sobre él; él hará justicia a las naciones. 2 No gritará, ni levantará su voz en público. 3 No aplastará a la caña más débil, ni apagará una vela que titila. Les hará justicia a todos los agraviados. 4 No vacilará ni se desalentará hasta que prevalezca la justicia en toda la tierra. Aun las tierras lejanas más allá del mar esperarán sus instrucciones. Isaías 42:1-4 NTV

La responsabilidad del Sacerdote era legislar a Israel a través de la Ley de Dios dada a Moisés.

Queremos destacar uno de los ministerios glorioso de Cristo, (aparte de Salvador el cual entra la función de Libertador y Sanador), él fue constituido Legislador. El Legislador puede elaborar las leyes, también hacerlas cumplir, juzgar y sentenciar.

Analicemos El Ministerio Del Mesías En Las Profecías De Isaías:

1- Les hará justicia a todos los agraviados.
2- Abrirás los ojos de los ciegos.
3- pondrá a los cautivos en libertad.
4- soltará a los que están en calabozos oscuros.
5- No vacilará ni se desalentará hasta que prevalezca la justicia en toda la tierra.

1. – HACER JUSTICIA A TODOS LOS AGRAVIADOS

Su justicia está basada en su vida, muerte y resurrección para salvar a los pecadores. Radica en el sacrificio que Él hizo en el "Nuevo Pacto", al presentarse a sí mismo como ofrenda grata delante de Dios por los que serían redimidos. Porque la sangre derramada cubriría la falta que era: la desobediencia a la ley. Esa sangre sería suficiente para quitar la maldición que el pecado causó en el hombre. Él mismo se hizo justicia para cubrir a todos los que hicieron transgresión. Por tal razón tenía que ser el cordero puesto sobre el altar para ser sacrificado para perdón de los pecados de la humanidad. Jesús tenía que morir para conquistar la cautividad en el cual el alma estaba encerrada en prisiones de maldad, por causa de la transgresión.

Uno de los más altos atributos divinos es la justicia.

...Porque Jehová es nuestro juez, Jehová es nuestro legislador, Jehová es nuestro Rey; él mismo nos salvará. Isaías 33:22 RVR1960

La justicia divina sostiene a todo ser creado a su orden, y ningún factor puede imponer sobre ellos ni cambiar sus diseños. En lo que se refiere a las cosas físicas como las inmateriales. Para todo hombre que vive en lo *"natural"*, le cuesta entender la importancia de *"la justicia divina"*. Dentro de ella está el juicio y la corrección, cosa que se lleva a cabo de diversas maneras de acuerdo con los intereses de cada uno. La aplicación de la justicia divina es tan variada que sólo las personas que viven bajo *"la ley del Espíritu"* (Romanos 8:2) pueden entenderla y discernirla, aun cuando la pueden ver aplicada personalmente en el presente y en los acontecimientos por venir. La justicia divina no es la justicia humana, egoísta y racial, Dios proveerá su justicia contra todo aquel que destruye su orden y su creación. Si el creyente vive bajo su manto protector, no debe temer al juicio venidero, porque este traerá nuevamente el balance y el orden correcto que tanto la naturaleza le gime al Señor.

2. – *ABRIRÍA LOS OJOS DE LOS CIEGOS*

Otras de la cualidades del libertador Mesías sería: *"te utilizaré para que abras los ojos de los ciegos."* Los hebreos fueron los primeros en estar ciegos espiritualmente o realmente no entendieron lo que veían. Sin embargo las promesas de Isaías se elevaban mucho más allá alcanzando a los gentiles.

*En aquel tiempo los sordos oirán las palabras del libro, y **los ojos de los ciegos** verán en medio de la oscuridad y de las tinieblas.*

Isaías 29:18 RVR1960

Para que abras sus ojos, para que se conviertan de las tinieblas a la luz, y de la potestad de Satanás a Dios; para que reciban, por la fe que es en mí, perdón de pecados y herencia entre los santificados. Hechos 26:18 RVR1960

Esta palabra se cumplió a través de Jesús cuando predicaba el reino de Dios a sus discípulos.

Entonces les abrió el entendimiento, para que comprendiesen las Escrituras. Lucas 24:45 RVR1960

3. – PONDRÍA EN LIBERTAD A LOS CAUTIVOS

El Mesías libertador el ungido por Dios, tendría las características de Ciro el Persa como el emancipador, conquistador y libertador del pueblo de Israel. ¿Qué característica tendría el ungido? Se vería erguido similar, como en la escena del rey Ciro, *"El Rey que saca a un pueblo de la cautividad que no es su pueblo"* . Jehová era el Dios de los hijos de Israel mientras que Ciro, era el libertador Persa que conquistó Babilonia la gran ciudad fundada por los bárbaros Asirios. Ciro liberó a los Israelitas que estaban bajo cautividad por más de 70 años, bajo la opresión del imperio babilónico.

Esto le dice el SEÑOR a Ciro, su ungido, cuya mano derecha llenará de poder. Ante él, los reyes poderosos quedarán paralizados de miedo; se abrirán las puertas de sus fortalezas y nunca volverán a cerrarse. Isaías 45:1 NTV

4. – APERTURA DE CÁRCEL; SOLTANDO A LOS QUE ESTÁN EN CALABOZOS OSCUROS

Hay una diferencia entre estar preso en un cárcel y estar en la *"casa de prisión"* o *"el calabozo oscuro"*, que es una mazmorra de oscuridad y tormento. Se refiere a algo más profundo, es la habitación permanente con ausencia de luz. Es como estar aprisionados a la oscuridad del Seol, vivir sin la luz, lo cual es la revelación de Jesucristo, y de toda su obra redentora. Los prisioneros espirituales, son todos aquellos que viven en la *"tierra de Efraín"*, lugar de aflicción. Dicha persona se caracteriza, en vivir en completa oscuridad y ceguera espiritual. Se halla en una mazmorra, donde el alma esta cautiva. Antiguamente las mazmorras eran construidas debajo de las fortalezas muy por debajo de las cárceles. Construidas para ser un lugar de tormento. Generalmente se ponían en esas mazmorras los que convictos a cadena perpetua, los que nunca iban a salir, con el propósito de que murieran consumidos por el tiempo y la falta de agua y de alimentos (si es que no morían durante las torturas).

Jesucristo vino a sacar el alma cautiva de los calabozos oscuros.

Dios ha dado una oportunidad a la Iglesia para desatar las almas que están encerradas en calabozos. En el Nombre de Jesús las almas pueden ser libres de las cadenas espirituales que los atan. Abrir las puertas de las cárceles y sacar de la cautividad. Este es el Ministerio que Cristo desarrolló en la tierra y lo delego a sus discípulos para que lo continuaran realizando.

…para que digas a los presos: Salid; y a los que están en tinieblas: Mostraos. En los caminos serán apacentados, y en todas las alturas tendrán sus pastos. Isaías 49:9 RVR1960

El ministerio de Jesús hace libre a las personas de la servidumbre y de las deudas, ejemplo hay en la Biblia de la viuda, que los acreedores le venían a quitar a sus hijos como forma de pago y hacerlos prisioneros. El profeta, (representa la voz y la autoridad delegada de Dios) hizo el milagro, basándose en lo que la viuda tenía en su casa. Una tinaja de aceite fue suficiente para llenarla con el milagro del aceite que fluía sin parar. Llenó y llenó hasta que tuvo en abundancia, así obtuvo pagar todas sus deudas, y recuperar a sus hijos de la esclavitud. Dios ama a su pueblo de tal manera que de la misma manera que le prometió a Israel sacarlos de la cautividad, lo hace con aquellos que le pidan con fe. ¡Solo se debe tener fe y esperanza en Él!

Volveos a la fortaleza, oh prisioneros de esperanza; hoy también os anuncio que os restauraré el doble. Zacarías 9:12 NTV

5. – No Vacilará Ni se Desalentará Hasta que Prevalezca la Justicia en Toda la Tierra

Muchos son los que tienen temor de lo que pueda pasar en un futuro, sin entender que *El Legislador Jesucristo* no se desalentará, hasta que vea que la justicia está, instalada en la tierra. Hay una palabra para todos aquellos que aman la paz y la justicia de Dios: **"El Mesías el santo de Israel no dormirá hasta que restablezca su justicia sobre las naciones"**.

NOTAS

_____

_____

_____

_____

_____

_____

_____

_____

_____

_____

_____

_____

LECCIÓN 5

LA EXPIACIÓN

La Biblia menciona varios términos con relación a la reconciliación del hombre con Dios utilizando la siguientes palabras: **expiación, redención, propiciación**. Cada una de estas palabras guarda dentro de sí mismas el misterio escondido de Dios a favor del ser humano. Lamentablemente, uno de los temas que las personas poco entienden es acerca del efecto y las características de la expiación. ¿Cuál es su eficacia? ¿Qué sentido tiene para el hombre la obra expiatoria de Cristo y qué produce en él? Para tener conocimiento acerca de este tema es menester que leas este capítulo.

Es bien importante tener en claro que es la "expiación" y como la puedes aplicar a ti mismo; ya que si no lo entiendes, el enemigo del alma vendrá de una forma u otra para causarte duda acerca de tu salvación. El paso más importante es saber qué hace "la expiación" en el ser humano, para poder estar en una posición correcta delante de Dios.

…Cuando haya puesto su vida en expiación por el pecado, (Jesús) verá linaje, vivirá por largos días (para siempre), y la voluntad de Jehová será en su mano prosperada. Isaías 53:10 RVR1960

La palabra expiación en hebreo es */kippurîm/*, literalmente **cubiertas**, del verbo */kâfar/* que es: *cubrir pecados, hacer expiación; reconciliar.*

Este término aparece en Éxodo 29 cuando se da los mandamientos y ordenanzas de la expiación para cubrir el pecado de Israel; los pecados de los sacerdotes, los servidores del templo y los pecados de sus generaciones.

El término griego del Nuevo Testamento refleja la idea de: *restablecer la armonía de una relación rota, a tal punto de significar cubrir lo "contaminado o no aceptado" para producir la reconciliación.* La palabra "expiación" adquirió el significado técnico de "proposición" lo cual nos acerca a Dios para ser reconciliados con Él.

En el nuevo Pacto la cobertura verdadera ha sido provista por la sangre de nuestro amado Salvador; y la reconciliación con Dios es posible mediante la fe en Él. (Romanos 5:8, 2 Corintios 5:17)

Cuando el término *kâfar y kippurîm* se usan en relación con el sistema ceremonial en el templo, las personas o cosas, estaban "sucias" (muchas veces traducida como inmundas o pecaminosas) a la vista del Dios justo; por esa causa, no eran aceptos ante Él. (Algo sucio, es simplemente, no apto para el uso de Dios, (por causa de su santidad, nada inmundo entra en su santuario) por eso debe de limpiarse primero.

Adán y Eva contaminaron su cuerpo haciendo que la cubierta de la gloria de Dios que tenían como vestidura sobre sus cuerpos se les fuera quitado quedando desnudos. La desnudez solo se ve en el ámbito espiritual tanto ángeles como demonios. Por eso Dios levanto Su morada en medio del hombre (Tabernáculo - Templo) para restituir otra vez la vestidura perdida por el acto del *kâfar* (la expiación). Él hizo las provisiones necesarias para lograr esto.

Evidentemente el efecto que produce la expiación en una vida, conforme se ve revelado en Hebreos 11 es:

1. – PERDÓN DE LAS TRANSGRESIONES:

Jesucristo pagó la deuda que tú nunca hubieras podido pagar. En su obra expiatoria hubo un pago radical, a favor de tu vida.

2. – REDENCIÓN:

Dios se aseguró que fueras libre por medio de la remisión de pecados. Cuando la Biblia habla de remitir; significa: quitar, arrancar, perdonar. La Sangre de Jesucristo fue eficaz para borrar toda clase de pecado. Cuando tú reconoces a Jesucristo como tu personal Salvador, no quiere decir que entraste a una ideología o a una nueva filosofía; cuando tú naces de nuevo y reconoces a Jesucristo como tu Señor y Salvador ha empezado en ti una nueva vida y todos tus pecados del pasado, jamás serán recordados por Dios, ya que si El los trajera de nuevo a memoria, hubiera sido en vano el sacrificio de Cristo en la cruz.
La Biblia habla de tres dimensiones que oprimen al ser humano, y están dentro de lo que significa transgresión y son: pecado, rebelión e iniquidad. De cada una de ellas, el sacrificio de Cristo hizo expiación. Lo primero que hay que discernir cuando se habla de expiación es de un precio que ha sido pagado por ti. Un precio que jamás la reserva federal de un país pudo haber pagado. El único que te redimió se llama Jesucristo, porque El murió en tu lugar. Recuerda que la consecuencia del pecado es muerte, pero Jesús ocupo tu lugar, Él fue la provisión dada por el Padre para ser tu sustituto, y murió para que tuvieras vida en abundancia. Por eso la Biblia dice que fuiste libre de las transgresiones.

3. – LIBERTAD DEL PECADO:

Por medio de la expiación, el creyente no solo queda libre de sus pecados pasados, sino del poder del pecado en el presente y futuro de acuerdo a lo que menciona el Apóstol Pablo en:

Ahora bien, ¿deberíamos seguir pecando para que Dios nos muestre más y más su gracia maravillosa? 2 ¡Por supuesto que no! Nosotros hemos muerto al pecado, entonces, ¿cómo es posible que sigamos viviendo en pecado?. Romanos 6:1-2 NTV

Pablo explica que aún el pensamiento de vivir una vida de pecado te debe hacer sentir mal. También dice que el que tiene a Cristo como su Señor y Salvador se ha separado definitivamente en virtud de su fe y confianza puesta en el autor y consumador de su vida. La fe en Jesús es una fe viva, porque haz creído en Él como *"el que venció la muerte y vive para siempre"*. El Salvador resucitado ha dado como resultado la crucifixión de tu naturaleza pecaminosa.

El hombre y la mujer que cree con toda su alma que Cristo murió por los pecados, tienen una fe firme en su interior. La cruz significa la muerte y ruina del pecado en tu vida para siempre. El tentador, padre de mentira y dios de este siglo, acosa continuamente al hombre y ataca la naturaleza humana que es débil y frágil. El pecado no te puede controlar y tocar tu vida para hacer lo que él quiera, porque tú no estás bajo la ley sino en la gracia, cubierto por el amor que Él tiene por ti y lo hizo veraz a través de su sacrificio.

Porque el pecado no se enseñoreará de vosotros; pues no estáis bajo la ley, sino bajo la gracia. Romanos 6:14 *RVR1960*

La ley determina que el pecador debe hacer algo para ser libre de esa culpa, pero por más que el haga jamás cancelará esa deuda, y al no poder hacerlo, el ser humano permanecería para siempre bajo el dominio del pecado. Pero por otro lado la gracia revelada a través de Jesús se ha revelado, y te dice que algo se ha hecho por el pecador, en una forma milagrosa y poderosa. A eso se le llama la obra terminada y perfecta en la cruz del Calvario.

Dios no necesita cambios, el hombre en su estado natural es pecador (que ni siquiera tiene el deseo de ser reconciliado), el hombre es el que necesita el cambio y solo se logra a través de la expiación de Cristo en la Cruz.

Es importante reconocer (por causa de la soberbia del hombre) que es el pecador quien debe ser reconciliado con Dios, no Dios con respecto al pecador.

TODO PARA EL SANTUARIO ERA EXPIADO

Es importante resaltar que tanto el hombre como los muebles que estarían envueltos en el trabajo del templo; todo lo del santuario tenía que ser cubierto. El santuario y sus objetos estaban hechos con materiales comunes (impuros), y era necesario hacer expiación por ellos, antes de ser entregados al uso sagrado.

En el libro de Levítico 8:15 confirma esto cuando dice:

…Moisés tomó la sangre, y puso con su dedo sobre los cuernos del altar alrededor, y purificó el altar. Aarón y sus hijos también eran personas corrientes, y del mismo modo debían ser "cubiertos" /*kâfar*/ cuando fueron separados para el sacerdocio. Por siete días al inicio, (Exd.29:35) y una vez al año cuando el Sumo sacerdote entraba al lugar Santísimo a ministrar la expiación del pueblo, y con un acto profético por sus generaciones. (Ex 30.10).

El trabajo del Sacerdote era hacer EXPIACIÓN POR LOS PECADOS del que traían las ofrendas. También hacia expiación para todo el pueblo de Israel en la fecha señalada.

PROFUNDIZANDO LA JUSTICIA EN LA EXPIACIÓN

Otro significado de la palabra expiación, la encontramos en la concordancia en el hebreo #2403 y es /*chattath*/ que significa: realizar un sacrificio o sufrir un castigo, por una culpa o delito que se ha cometido. El convicto tiene que pasar por un juicio; la expiación es el sufrimiento por la culpa (en el A.T. caía sobre la víctima traída para el holocausto).

Siempre se habla de *justicia,* pero en sí, ¿qué es y qué realmente significa? La palabra *expiar,* es cuando un delincuente tiene que reparar sus delitos, sufriendo la pena impuesta por los tribunales y padecer las consecuencias del mal proceder. El expiar es lo que va hacer que una culpa sea cancelada.

Expiar es pagar una cuenta, de una deuda pendiente.

En el Antiguo Testamento el culpable, tenía que pagar por la pena impuesta, y cuando no tenía nada para pagar delante de Dios, (Lev. 22:18) debían de llevar una ofrenda o sacrificio según su posibilidad económica. Algunos se presentaban con un cordero, otros con una paloma, para que la sangre derramada fuera aceptada por Dios como una ofrenda por el pecado. El término correcto era: que expiaba (cubría) realmente la culpa cometida del penitente.

En el Nuevo Pacto eso fue lo que hizo Jesucristo por nosotros; El derramó Su Sangre para que por ella fuésemos perdonados de nuestros pecados. Con la diferencia que ahora ya no se iba a cubrir, sino que a partir de ese acto maravillosos se borraría totalmente el pecado.

El profeta Miqueas habla de la misericordia de Dios y que los pecados serán tirados al fondo del mar, donde nadie más los podrá recoger.

El volverá a tener misericordia de nosotros; sepultará nuestras iniquidades, y echará en lo **profundo** *del mar todos nuestros pecados. Miqueas 7:19* ^RVR1960

El Pecador Halla Perdón en Cristo

Por eso a la mujer encontrada en el mismo acto de adulterio, (llevada para ser juzgada a los pies de Jesús) éste le dijo: *"vete y no peques más"*. Jesús le estaba diciendo que sus pecados eran perdonados y por eso, no merecería la muerte; pero a la vez, también le quiso dar a entender: - *no sigas siendo esclava del pecado* - porque la garantía para su salvación sería bajo la oportunidad de ser totalmente restaurada de sus pecados. Y ¿cómo lo lograría? Apartándose del mismo.

El pecado siempre ha separado el hombre de Dios su creador, y si no se soluciona a tiempo, la muerte acaba con el alma, que es nada más ni nada menos que la separación total de la presencia de Dios.

La reconciliación con Dios es la solución y ésta se logra a través del perdón por la sangre derramada de Cristo en el Calvario. Antes de eso el hombre gentil (o sin pacto), era deudor delante del Padre Celestial, (se compara en las Escrituras a un convicto; frente a un juez justo).

Si no tienes claridad de lo que es el evangelio, dentro del Nuevo Pacto en su sangre, cuando el enemigo venga acusarte te hará sentirte culpable. Pero cuando eres consciente de que Cristo a través de su sangre te ha limpiado eres totalmente perdonado. Eso es lo que hizo Cristo, "ser propicio a ti siendo pecador". Mientras estabas influenciado bajo un espíritu de soberbia y rebelión, creías que no eras culpable de nada; pero cuando te acercaste a la verdad de Dios, entendiste que tus pecados tienen que ser expiados por la preciosa sangre de Cristo. Y por este hecho maravilloso te conviertes en un eterno agradecido.

¿QUÉ SIGNIFICA EL TÉRMINO SACRIFICIO POR EL PECADO?

Es la restitución por el pecado y pertenece al tiempo de la gracia, que es el tiempo de la plenitud de la Iglesia (ésta palabra en hebreo es /ashan/ del Strong.#817). Éste término es bien importante entenderlo, porque es la base del Evangelio de Jesucristo, como muy bien explica este texto en la carta los Hebreos. ...*Esta es una ilustración que apunta al tiempo presente. Pues las ofrendas y los sacrificios que ofrecen los sacerdotes no pueden limpiar la conciencia de las personas que los traen. Hebreos 9:9NTV.* ..."Para el tiempo actual" como dice la traducción en la Reina Valera ..."*Lo cual es símbolo para el tiempo presente*".

Las ofrendas que el Sacerdote presentaba, solo cubrían la falta del convicto. La sangre derramada de los animales, no llegaba a cambiar lo más profundo del hombre, y sigue ampliando el tema cuando en el verso siguiente añade ... *Pues ese sistema antiguo sólo consiste en alimentos, bebidas y diversas ceremonias de purificación, es decir, ordenanzas externas que permanecieron vigentes sólo hasta que se estableció un sistema mejor. Hebreos 9:10 NTV*

Este sistema es mejor; en el Nuevo Pacto traído por Jesucristo hecho cordero de Dios para dar perdón de pecados.

Tenemos que recordar que cuando el pueblo de Dios salió de Egipto, pasaron por la puerta que es Cristo que estaba rociada con la sangre del cordero. Pero en el desierto de la prueba fueron probados y muchos de ellos no alcanzaron el reposo, por lo tanto no lograron entrar a la tierra prometida. Hoy en día, muchos reciben el beneficio del perdón de sus pecados, pero luego en el momento de la prueba vuelven a los ídolos, vuelven a murmurar y se encuentran dando vueltas estancados en un mismo lugar espiritual sin crecer ni avanzar en el camino de la fe.

División en las diversas DOCTRINAS quita la verdadera imagen de Cristo.

No solo las religiones dividen por su variedad de creencias diversas y contradictorias una con otras, aun dentro de la cristiandad las diversas doctrinas dividen a los redimidos por una misma sangre. El ponerse de acuerdo es el secreto para recibir la aprobación del Señor en esta hora. Muchos justifican sus propias ligaduras aceptando dogmas pero hay que escribirlo una vez más: "después de muertos nadie va al purgatorio, ese lugar bíblicamente no existe, y ninguna misa, rezo u ofrenda pagada en la tierra, podrá hacer algo por un alma que ya partió de la tierra". Ni Buda, ni Confucio, ni ningún iluminado, podrán hacer lo que Jesucristo ya hizo en la cruz del Calvario. Solo Jesucristo pudo satisfacer la demanda de Dios.

No hay estado intermedio ni lugar de preparación para entrar al cielo después de fenecer, esta ideología es errónea.

Las doctrinas añadidas y realzadas más que la expiación aunque parezcan insignificantes quitan la verdadera esencia de Cristo añadiendo la exaltación humana de querer recibir más revelación de lo que ya ha sido escrito. El evangelio es sencillo y, tal como es, tiene el poder de salvar a más vil pecador. Las doctrinas impuestas que a veces se añaden como ¨nuevas revelaciones¨ solo entretienen las emociones de quienes las exponen y los oyentes drásticamente distraídos y confundidos, todo esto lo único que logra es atrasar el conocimiento de Cristo fuente de salvación y la verdad central de la genuina y única Revelación más importante.

Todo lo que el hombre añade trae carga al alma, solo Cristo es el centro de la doctrina.

La expiación y la propiciación a través del justo hijo de Dios es el centro de todo el Reino de Dios, de todo el universo y de todo lo creado.

NO HAY PERDÓN SIN SANGRE DERRAMADA

"27 Y de la manera que está establecido para los hombres que mueran una sola vez, y después de esto el juicio, 28 así también Cristo fue ofrecido una sola vez para llevar los pecados de muchos; y aparecerá por segunda vez, sin relación con el pecado, para salvar a los que le esperan". Hebreos 9:27-28 RVR1960

Cristo vendrá otra vez, no para ocuparse de nuestros pecados, sino para traer salvación a los que esperan con anhelo Su Venida. Cada persona está destinada a morir una sola vez y después viene el juicio. No hay lugar intermedio entre la muerte y el juicio.

"… según la ley, con sangre; y sin derramamiento de sangre no se hace remisión." Hebreos 9:22 RVR1960

La palabra *"remisión"* en griego es /apiemi/ y significa "enviar lejos, liberación de la esclavitud". Por eso nosotros en la autoridad de Cristo, podemos decir: "satanás tu que esclavizas las mentes de millones de humanos, con religiones falsas y amor al dinero; Jesucristo derramó su Sangre para redimir a los habitantes de estas regiones donde nos encontramos, así que te ordenamos como lo dijo Moisés: Deja al pueblo de Dios irse, suéltalo en el Nombre de Jesús".

Jesucristo canceló la obligación de la deuda, por eso la gente que fallece sin Cristo pasa de la muerte al juicio, pero todo aquel que ha creído en Él, pasa de la muerte a la resurrección y a las bodas; hay una diferencia de ir a una fiesta, a ir a un juicio, y pasaremos por el tribunal de Cristo, donde cada uno recibirá el galardón conforme a lo que hizo en la tierra. (2 Juan 1:8)

La iglesia no pasará por juicio, porque fue redimida por la Sangre del Cordero.

Cristo entró al Tabernáculo superior que está en el cielo; el cual no fue hecho por manos humanas, Jesucristo entró al lugar Santísimo a través de Su propia Sangre, una vez y para siempre. Ese acto, aseguró nuestra redención eterna. Jesús se hizo pecado y por medio de la expiación, tomó las faltas de la humanidad pagando el precio por completo.

Eres libre de la muerte por la fe de lo que Él hizo por ti en la cruz.

La muerte tiene un significado físico y espiritual; cuando la Biblia te habla de muerte espiritual se refiere a la pena asignada por Dios al pecado humano. Quien se muere sin Cristo, pesa sobre él una sentencia de muerte física sin esperanza de resurrección a una vida nueva, y también carga con la sentencia espiritual de estar separado de la Presencia de Dios. El pecado es el que asigna esta sentencia. Cuando una persona muere y nunca se ha reconciliado con Dios en vida, permanecerá separado de Dios en el otro mundo para siempre. Estará llamado a experimentar la eterna separación que sigue y es conocida como la segunda muerte. La declaración que Dios le hizo a Adán, encerraba todas las consecuencias penales que origina el pecado en el ser humano, como separación de Dios, inquietud, desasosiego, deseo al mal, debilidad física, alcance de la muerte física y todo tipo de consecuencias que trae esta muerte.

Pero la Biblia dice que cuando Cristo murió por nuestros pecados, se sometió no solo a la muerte física, sino que lo que más le pesaba como una copa agonizante, era la consecuencia de la muerte por el castigo del pecado. Jesús fue el único capaz de humillarse a los sufrimientos de la muerte para que por gracia de Dios gustase la muerte para cada ser humano y en virtud a su naturaleza divina, tuvo que tomar nuestra semejanza humana, de esta manera pudo realizar esta encomienda de parte del Padre.

Notas

_____

_____

Lección 6

Jesucristo en el Ministerio Sacerdotal

Jesucristo fue y es el camino mejor. Si interpretamos esta realidad vemos que Jesucristo, bajo la orden sacerdotal de Melquisedec, es el único verdadero Sumo Sacerdote que entró al cielo con su propia sangre, haciendo de su propia vida un sacrificio aceptable delante de Dios.

Esta es la más grande y poderosa orden Sacerdotal que ha existido y existirá por la eternidad.

Sin embargo, Dios quiso a través de la línea sanguínea de Leví, responsabilizar a sus descendientes para que desempeñaran hasta la venida de Jesucristo (el cual trajo el Nuevo Pacto en su Sangre) este glorioso ministerio a la tierra. El primero en ejercer esto por llamado de Dios, como ha sido mencionado anteriormente, fue el pueblo de Israel.

5 Ahora bien, si me obedecen y cumplen mi pacto, ustedes serán mi tesoro especial entre todas las naciones de la tierra; porque toda la tierra me pertenece. 6 Ustedes serán mi reino de sacerdotes, mi nación santa". Este es el mensaje que debes transmitir a los hijos de Israel». Éxodo 19:5-6 NTV

A Israel se le dio el llamado para el servicio en el Templo. A la Iglesia se le ha dado el llamado para ser templo del Espíritu Santo y para ministrar adoración delante de su presencia.

Por consiguiente a la iglesia se le ha dado la oportunidad de participar de esta herencia gloriosa. Eso se puede comparar con un ejemplo muy simple: De un doctor, sale un hijo doctor; de un Pastor, sale un hijo Pastor; y de un Sumo Sacerdote sus hijos siguen el Sacerdocio. Si Dios es nuestro Padre celestial y Jesucristo es nuestro Sumo Sacerdote, tenemos su *"herencia genética"*, como hijos. Todo consagrado ha hecho pacto y eso lleva a vivir una vida bajo la sangre que limpia todos los pecados. ¿Qué te hace ser hijo del rey? El aceptarlo y haber nacido de nuevo; por esa causa, indiscutiblemente te hace; **"...reinar con él"** (2 Timoteo 2:12).

'...ya que somos hijos de un Rey y Sacerdote, a nosotros nos hizo Reyes y Sacerdotes para Dios su Padre". Apocalipsis 5:10 RVR1960

¿POR QUÉ ESTE CAMINO ES EL MEJOR?

Los sacerdotes levitas obviamente eran hombres mortales y debían de ser reemplazados constantemente (*Hebreos 7:23*), y esto interrumpió la representación adecuada delante de Dios. Pero Jesús nunca moriría, (ya que Él era la vida y la resurrección) por lo tanto mantiene su sacerdocio permanentemente (vs.24). Esto quiere decir que Él está siempre disponible para nuestras necesidades y *...puede también salvar perpetuamente a los que por él se acercan a Dios, viviendo siempre para interceder por ellos.* (vs.25).

Ahora podemos entender porque el camino es mejor, simplemente porque: ¡Su sacrificio fue el mejor! Los sacerdotes levitas ofrecían animales, los cuales nunca pudieron quitar los pecados del hombre (Hebreos. 10:4). Ya que sus sacrificios nunca lograron el propósito, ellos debían continuar ofreciendo sacrificios. Y debido a que ellos mismos eran pecadores, tenían que ofrecer sacrificios primeramente por ellos mismos. Pero Jesús era el Hijo de Dios, así que su sacrificio realmente cumple con su trabajo de redimirnos debido a que su cuerpo era un sacrificio perfecto el cual no necesitaba morir y resucitar varias veces v.27.

Porque la ley constituye sumos sacerdotes a débiles hombres; pero la palabra del juramento, posterior a la ley, al Hijo, hecho perfecto para siempre. Hebreos 7:28 RVR1960

BENEFICIOS CUANDO CRISTO ES TU SUMO SACERDOTE

Que el velo que te separaba del Padre Dios fue roto cuando Jesús murió en la cruz eso te da la facilidad de entrar **con la Sangre de Cristo** al trono donde Dios está sentado para adorarlo y disfrutar de su presencia. Hoy en día son pocos los creyentes que saben este beneficio y muy pocos han entendido el secreto de la adoración. El entrar por fe al trono donde Dios está sentado es algo que solo se les da a los que por el Espíritu de Dios aman a Jesús y le sirven con devoción.

Para eso hay que tener la revelación de la sangre de Cristo, la cual te lleva al Padre y su Espíritu te enseña cómo adorarlo.

Por tal razón, es importante buscar la comunión con Dios diaria y conocer el poder de la oración. Solo un corazón apasionado lleno de amor lo puede lograr. Tú puedes relacionarte con el Espíritu de Dios en forma personal. No necesitas seguir rituales para ser aceptado por Dios. La sangre de Cristo es suficiente para aceptarte. Cuando eres lleno del Espíritu Santo recibes la transformación necesaria en tu corazón y le amas más al entender que todo lo que hizo Él por ti fue por puro amor y misericordia.

Esto es lo que significa para ti cuando Jesús desempeña el ministerio sacerdotal:
1. Intercesor delante del Padre.
2. El único y solo Cordero de Dios que se sacrificó por tus pecados.
3. La verdadera ofrenda perfecta, que fue su propia sangre.
4. La genuina vida eterna para todos aquellos que se acercan a Él.
5. Abogado y juez justo que te defiende a tiempo y en todo tiempo.
6. El que limpia y sana tu ser por completo de la lepra del pecado.

Es importante recordar que el pueblo de Israel se salió del plan divino porque no dieron oído a la voz de Dios; no guardaron su pacto, es decir decidieron desobedecerle. Por lo tanto sólo una familia fue asignada para ejercer el Sacerdocio, el propósito se redujo a la tribu de Leví y finalmente a Aarón y sus hijos, sólo ésta familia fue asignada por Dios para ejercer el oficio sacerdotal. Mas el propósito original se hizo realidad en Jesucristo.

Oficios Ministeriales De Cristo:

- **Cristo como REY fue ungido.**

- **Cristo como PROFETA fue ungido.**
- **Cristo como SACERDOTE fue ungido.**

En el Antiguo Testamento se ungía con aceite a los reyes, a los profetas y a los sacerdotes, y normalmente cada uno de ellos ejercía un sólo oficio.

El Espíritu del Señor está sobre mi por Cuanto me ha ungido… Lucas 4:18 ^{RVR1960}

Como Dios ungió con el Espíritu Santo a Jesús de Nazaret… Hechos 10:38 ^{RVR1960}

Características del Sacerdocio de Cristo

- **Es Un Nuevo Sacerdocio**

11 Entonces, si el sacerdocio de Leví —sobre el cual se basó la ley— hubiera podido lograr la perfección que Dios propuso, ¿por qué fue necesario que Dios estableciera un sacerdocio diferente, con un sacerdote según el orden de Melquisedec en lugar del orden de Leví y Aarón. 12 Y si se cambia el sacerdocio, también es necesario cambiar la ley para permitirlo. 13 Pues el sacerdote a quien nos referimos pertenece a una tribu diferente, cuyos miembros jamás han servido en el altar como sacerdotes. 14 Lo que quiero decir es que nuestro Señor vino de la tribu de Judá, y Moisés nunca habló de que los sacerdotes provinieran de esa tribu. 15 Ese cambio resulta aún más evidente, ya que ha surgido un sacerdote diferente, quien es como Melquisedec. 16 Jesús llegó a ser sacerdote, no por cumplir con la ley del requisito físico de pertenecer a la tribu de Leví, sino por el poder de una vida que no puede ser destruida. Hebreos 7:11-16 ^{NTV}

El hecho de que Cristo haya nacido de la tribu de Judá y no en la de Leví, realza el establecimiento de un Nuevo Orden Sacerdotal.

La palabra griega que se utiliza para referirse a *diferente* en el verso 11, no es /*allos*/, que significa: "otro de la misma clase", sino /*heteros*/, que es: "otro de una orden completamente diferente".

Por lo cual el sacerdocio de Cristo supera el sacerdocio levítico.

El primer pacto no pudo ofrecer pleno acceso o entrada en la presencia de Dios. Por tanto, tuvo que ser reemplazado por un Nuevo Pacto con una mayor esperanza en aquello que había sido limitado. Es evidente que el sacerdocio de Jesús invalida el de Aarón porque el suyo fue establecido por el juramento solemne de Dios. Cual glorioso es poder tener una genuina revelación para discernir y entender que la ministración sacerdotal de Jesús es para siempre.

- **Eso le hizo ofrecer una salvación a la que nada falta y todo es perfecto y completo.**

Si la salvación es total y plena, esta demandó un perfecto sacrificio y a la vez un perfecto Sumo Sacerdote por todos los pecados.

- **Es Un Sacerdocio Según el Orden de Melquisedec.**

Y el salmista lo señaló cuando profetizó: «Tú eres sacerdote para siempre, según el orden de Melquisedec». Hebreos 7:17 NTV

- **Se Introdujo Por Un Juramento y es eterno.**

20 Este nuevo sistema se estableció mediante un juramento solemne. Los descendientes de Aarón llegaron a ser sacerdotes sin un juramento, 21 pero había un juramento con relación a Jesús. Pues Dios le dijo: "El Señor ha hecho un juramento y no romperá su promesa: Tú eres sacerdote para siempre". Hebreos 7:20-21 NTV

- **Es Un Sacerdocio Inmutable.**

pero dado que Jesús vive para siempre, su sacerdocio dura para siempre. Hebreos 7:24 NTV

- **Es Un Sacerdocio Continuo.**

Por eso puede salvar —una vez y para siempre— a los que vienen a Dios por medio de él, quien vive para siempre, a fin de interceder con Dios a favor de ellos. Hebreos 7:25 NTV

Es Cristo quien actuará como juez sobre todo el mundo, pero no nos condenará, pues Él intercede por nosotros. Maravillosamente trae las peticiones ante Dios a nuestro favor.

Entonces, ¿quién nos condenará? Nadie, porque Cristo Jesús murió por nosotros y resucitó por nosotros, y está sentado en el lugar de honor, a la derecha de Dios, e intercede por nosotros. Romanos 8:34 NTV

- **Es Un Sacerdocio Santo y Sublime.**

Él es la clase de sumo sacerdote que necesitamos, porque es santo y no tiene culpa ni mancha de pecado. Él ha sido apartado de los pecadores y se le ha dado el lugar de más alto honor en el cielo. Hebreos 7:26 NTV

- **Es Un Sacerdocio Que No Necesita Repetir Sacrificios.**

A diferencia de los demás sumos sacerdotes, no tiene necesidad de ofrecer sacrificios cada día. Ellos los ofrecían primero por sus propios pecados y luego por los del pueblo. Sin embargo, Jesús lo hizo una vez y para siempre cuando se ofreció a sí mismo como sacrificio por los pecados del pueblo. Hebreos 7:27 NTV

JESUCRISTO NOS DELEGÓ EL OFICIO SACERDOTAL

Jesucristo Estableció el Sacerdocio para Todos los Hijos de Dios.

5 Y de Jesucristo el testigo fiel, el primogénito de los muertos, y el soberano de los reyes de la tierra. Al que nos amó, y nos lavó de nuestros pecados con su sangre, 6 y nos hizo reyes y sacerdotes para Dios, su Padre; a él sea gloria e imperio por los siglos de los siglos. Amén Apocalipsis 1:5-6 RVR1960

Que impactante es ver a Jesucristo quien Él mismo es representado en términos de su sacrificio redentor, su resurrección y su reinado eterno. Jesús como Mesías y Rey. Él es el testigo, tiene que ver con la palabra griega /martus/, lo cual significa mártir y martirio. Uno que testifica de la verdad que Él mismo ha experimentado, un testigo, uno que tiene conocimiento de un hecho y puede dar información concerniente a él.

Y la has transformado en un reino de sacerdotes para nuestro Dios. Y reinarán sobre la tierra». Apocalipsis 5:10 *NTV*

Como un sacerdocio real los santos reinan ahora con Cristo sobre la tierra con su alabanza, sus oraciones y su testimonio de palabra y obra.

La Unción Sacerdotal en Tu Vida

¿Para qué te capacita la unción sacerdotal?
1. Para que puedas ministrar al Señor diariamente.
2. Dispuesto siempre a deleitarte en su presencia.
3. Ofreciendo de continuo el incienso de la adoración.
4. Capacitándote para que puedas interceder activamente por otros.

CARACTERÍSTICAS DEL SACERDOCIO DE TODO LOS CREYENTES

Es Un Sacerdocio Santo

Vosotros también, como piedras vivas, sed edificados como casa espiritual y sacerdocio santo, para ofrecer sacrificios espirituales aceptables a Dios por medio de Jesucristo. Es un REAL sacerdocio, es decir de sangre y linaje real. 1 Pedro 2: 5 RVR1960

Acercándose a Cristo los creyentes se convierten en la casa espiritual de Dios, donde como sacerdocio santo, ofrecen sacrificios espirituales.

Mas vosotros sois linaje escogido, real sacerdocio, nación santa, pueblo adquirido por Dios, para que anunciéis las virtudes de aquel que os llamó de las tinieblas a su luz admirable. 1 Pedro 2:9 RVR1960

La palabra escogido, en griego es /eklektos/ y significa recoger, juntar. La palabra designa a alguien que ha sido seleccionado para prestar un servicio o recibir un privilegio especial. Describe a Cristo como Mesías escogido de Dios, a los ángeles como mensajeros del cielo y a los creyentes como receptores del favor de Dios. Los redimidos que adoran son considerados un sacerdocio real.

Hoy más que nunca experimentarás el poder prometido para la obra del Señor y gozarás de muchas victorias espirituales. Aprende a darle prioridad a la adoración y abundaras en ella.

Es Un Cumplimiento Profético

Y vosotros seréis llamados sacerdotes de Jehová, ministros de nuestro Dios seréis llamados; comeréis las riquezas de las naciones, y con su gloria seréis sublimes. Isaías 61:6 ^{RVR1960}

Ustedes serán llamados sacerdotes del Señor, ministros de nuestro Dios. Se alimentarán de los tesoros de las naciones y se jactarán de sus riquezas. Isaías 61:6 ^{NTV}

Es Un Sacerdocio por la Gracia de Cristo

¹⁵ Porque no tenemos un sumo sacerdote que no pueda compadecerse de nuestras debilidades, sino uno que fue tentado en todo según nuestra semejanza, pero sin pecado. ¹⁶ Acerquémonos, pues, confiadamente al trono de la gracia, para alcanzar misericordia y hallar gracia para el oportuno socorro. Hebreos 4:15-16 ^{RVR1960}

¹⁵ Nuestro Sumo Sacerdote comprende nuestras debilidades, porque enfrentó todas y cada una de las pruebas que enfrentamos nosotros, sin embargo, él nunca pecó. ¹⁶ Así que acerquémonos con toda confianza al trono de la gracia de nuestro Dios. Allí recibiremos su misericordia y encontraremos la gracia que nos ayudará cuando más la necesitemos. Hebreos 4:15-16 ^{NTV}

Lección 7

El Sueño de David Fue Construir una Casa a Dios

David estaba resuelto a tomar el monte Sion dominado por los jebuseos. Él conocía la promesa de Dios acerca del monte de Dios y reconocía su importancia. La unción de Dios estaba sobre David no solo para conquistar a los enemigos de Israel sino también para establecer, su reinado en Jerusalén; lo cual por profecía divina, sería en un futuro, capital del reino Mesiánico. Nadie había sido capaz de derrotar a los jebuseos, hasta ese momento; David ofreció una recompensa por ello. La estrategia fue difícil, pero se logró.

Entonces marchó el rey con sus hombres a Jerusalén contra los jebuseos que moraban en aquella tierra; los cuales hablaron a David, diciendo: Tú no entrarás acá, pues aun los ciegos y los cojos te echarán (queriendo decir: David no puede entrar acá). Pero David tomó la fortaleza de Sion, la cual es la ciudad de David. 2 Samuel 5:6-7 RVR1960

David tenía un entendimiento del corazón de Dios, conoció sus planes y propósitos; pero lo más importantes fue que David puso su corazón para hacerlo. Dios lo coloco en su tiempo y lugar de la historia, para cumplir con un fin específico, muy importante. Todo esto se estableció en su vida debido a su confianza y a su relación íntima con Dios. Comprendió tiempo y lugar, mientras que Dios seguía trabajando con él llevando a cabo los grandes propósitos en su vida.

La presencia de Dios en David y el amor de Dios hacia su Señor no solo bendijo su vida, sino que este ejemplo ha inspirado en el día de hoy a muchos.

Dios quiere restablecer *el tabernáculo de David* en estos tiempos, por tal razón es necesario que entiendas esto para cumplir el destino divino en tu vida y dentro de la Iglesia en el lugar donde te encuentras.

LA VISIÓN DEL SALMISTA

Una vez que puso a todos sus enemigos debajo de sus pies el dulce cantor de Israel es constituido Rey sobre Jerusalén. Edifica su residencia y establece "la casa" (término que marcaba una familia de renombre). Como visionario de la unción y de la presencia de Dios, David determina traer como prioridad *el Arca del Pacto* a su casa. Para ello debe de levantar un tabernáculo en forma de tienda sencilla, el cual solo acobijaría el Arca. En 2 Crónicas 8:11 confirma en las crónicas de Salomón, que el Arca por un tiempo también estuvo en las habitaciones reales de la casa del Rey.

Hizo David también casas para sí en la ciudad de David, y arregló un lugar para el arca de Dios, y le levantó una tienda. 1 Crónicas 15:1 RVR1960

El Arca había sido robada por los Filisteos y llevada a casa de Obed-Edom, David no quería más muertes ni extravíos, por eso pidió que los sacerdotes y levitas se prepararan delante de Dios en santidad para traerla a Jerusalén.

El Arca Halla Reposo en el Santo Monte

²⁷ David estaba vestido con un manto de lino fino, al igual que todos los levitas que cargaban el arca y también los cantores y Quenanías, el director del coro. David también llevaba puesta una vestidura sacerdotal. ²⁸ Así que todo Israel trasladó el arca del pacto del Señor entre gritos de alegría, toques de cuernos de carneros y trompetas, el estrépito de címbalos, y la música de arpas y liras. 1 Crónicas 15:27-28 NTV

David nombró a los siguientes hombres para dirigir la música en la casa del Señor después de que el arca fue colocada allí. Ellos se encargaron de la música en el tabernáculo, hasta que Salomón construyó el templo del Señor en Jerusalén. 1 Crónicas 6:31-32 NTV

Los últimos 33 años de David gobernado sobre Jerusalén, es una tipología de Cristo en su ministerio sobre la tierra.

David Realiza Cambios

A David le dolía en su corazón ver su casa tan hermosa y la casa de Dios tan precaria. Es ahí donde David piensa edificar a Jehová una casa grande, un templo, para exaltar a Jehová. Para ello consulta con el profeta Natán, el cual recibe rápido la respuesta de Dios.

…Esto ha declarado el Señor: ¿acaso eres tú el que me debe construir una casa en la que yo viva? Desde el día en que saqué a los israelitas de Egipto hasta hoy, nunca he vivido en una casa. Siempre fui de un lugar a otro con una carpa y un tabernáculo como mi morada. Sin embargo, dondequiera que fui con los israelitas, ni una sola vez me quejé ante los jefes de las tribus de Israel, los pastores de mi pueblo Israel. Nunca les pregunté: ¿Por qué no me han construido una hermosa casa de cedro? 2 Samuel 7:5-7 NTV

Mientras David pensaba en la casa de Dios, Dios pensaba en edificar otra casa. ¿Cuál sería? Estas son las palabras que siguen del profeta Natán para el rey David. *El Señor le dice: …"Construiré una casa para ti, ¡una dinastía de reyes! Tu casa y tu reino continuarán para siempre delante de mí, y tu trono estará seguro para siempre"».*

El Señor estaba mirando el futuro lejano, una dinastía que pasaría de generación en generación hasta llegar a Jesús el hijo de David.

David Era un Adorador

El rey David era un adorador con revelación profética, la cual recibía la inspiración del Espíritu Santo. David no era de la tribu de Leví, pero sin embargo trajo la inspiración para la futura adoración del Templo. Él vio en su corazón un templo magnífico levantado para exaltación del Nombre de su Dios. Mandó hacer los planes del templo y escribió el orden de los turnos de los levitas, sacerdotes y cantores del Santuario. Eso haría que en el futuro se estableciera una disciplina dentro del servicio del templo.

- Creó 12 turnos para los levitas cantores y músicos recalcando los horarios de las ofrendas y servicios extras de los sacerdotes, desde la salida hasta la puesta del sol.
- Mando elaborar muchísimos instrumentos de cuerda y de percusión.
- También escribió poesías llamadas "salmos" la cual era usadas como letras para los cánticos espirituales dedicados a Dios dentro del Santuario.
- Levanto directores de Alabanza, compositores y directores de música.
- Juntamente con cuatro mil porteros, y cuatro mil levitas solo para alabar al Señor.

Y recalcó David: *...con los instrumentos que he hecho para tributar alabanzas. 1 Crónicas 23:5* RVR1960

Músicos, Compositores y Cantantes

1. Asaf, el primero; vidente de Dios (sonaba los címbalos dirigía el ritmo).
2. Zacarías.
3. Jeiel.
4. Semiramot.
5. Jehiel.
6. Matatías.
7. Eliab.
8. Benaía.
9. Obed-edom.
10. Jeiel, con sus instrumentos de salterios y arpas (1 Crónicas 16:5).

Los Instrumentos de David

David era un hombre guiado por la unción del Espíritu Santo él recibió la inspiración de crear nuevos instrumentos y añadirlos en la adoración a Dios....*Y David y toda la casa de Israel danzaban delante de Jehová con toda clase de **instrumentos de madera de haya**; con arpas, salterios, panderos, flautas y címbalos. 2 Samuel 6.5* RVR1960. *....tamboriles, ...y trompetas. 1 Crónicas 13:8* RVR1960

Y de la madera de sándalo hizo el rey balaustres para la casa de Jehová y para las casas reales, arpas también y salterios para los cantores; nunca vino semejante madera de sándalo, ni se ha visto hasta hoy. 1 Reyes 10:12 RVR1960

David dejo las dos trompetas de plata para que fueran usadas en la tienda donde se guardaba el Arca cerca de su Residencia. Estas trompetas fueron diseñadas por Dios y dadas a Moisés para ser confeccionadas cuidadosamente. (Números 10:1,2).

Los Profetas inspirados por Dios, especificaron a David los instrumentos que debían usar en el templo.

En 2 Crónicas 29:25-27 leemos lo que pasó cuando Ezequías quería restaurar la adoración en el templo tal como David había mandado. *25 Puso también levitas en la casa de Jehová con címbalos, salterios y arpas, conforme al mandamiento de David, de Gad vidente del rey, y del profeta Natán, **porque aquel mandamiento procedía de Jehová por medio de sus profetas.*** El Rey Ezequías no pensó tener su propia libertad para usar cualquier instrumento, sino solamente los autorizados por Dios a través de David.

Nehemías Sigue con el Orden de los instrumentos de David

Al restaurar la adoración después del cautiverio, Nehemías tuvo cuidado al hacer todo conforme a lo mandado por David y los profetas. Incluyendo los instrumentos usados por David.

*"…Y de los hijos de los sacerdotes iban con trompetas… con los instrumentos musicales de David varón de Dios…"*Versículo 45 dice, *"Y habían cumplido el servicio de su Dios, y el servicio de la expiación, como también los cantores y los porteros, conforme al estatuto de David y de Salomón su hijo."* Nehemías 12:35-36 *RVR1960*

Aunque las costumbres habrían cambiado en los tiempos de Nehemías, casi 500 años después de David, no sintió el derecho de usar otros instrumentos que no fueran aprobados por Dios a través de David.

En estos tiempos se debe de tener celo por la presencia de Dios, especialmente los que dirigen la música y los adoradores dentro del santuario de Dios.

No se puede ser presuntuoso al adorar a Dios, agregando elementos que egoístamente que gusten, basado en las modas de las cuales muchas veces vienen del mundo del espectáculo. Si se quiere la presencia más que cualquier cosa, los directores de música deben ser conocedores del Espíritu Santo y sensibles a la voz para ser guiados por el mismo Señor. Es importante contar con verdaderos profetas que los inspiren y los aconsejen, en la música y en los ritmos que se tocan. Hay ritmos que inducen a la gente a recordar los "festivales y los carnavales" que en sus vidas de pecado ambulaban en carnalidades y fiestas bajo la influencia del alcohol. Ciertos ritmos autóctonos no necesariamente llevan el alma al trono de Dios.

Cada instrumento que David construyó y añadió a la alabanza del templo lo hizo bajo la aprobación de los profetas guiados por el Espíritu Santo.

Lección 8

Restauración del Tabernáculo de David

En este capítulo nos vamos a enfocar en los siguientes tres temas: El Tabernáculo de David caído - La Casa de David - Las llaves de David.

Así como el Tabernáculo de Moisés fue una sombra y tipología de Jesucristo y su obra expiatoria, el Tabernáculo de David fue la sombra de la instauración del nuevo orden sacerdotal en la futura Iglesia. Esto representa la Presencia de Dios en la libertad del culto por el Espíritu Santo, con la máxima expresión de adoración, como el verdadero sacrificio de alabanza, que sube como incienso delante de Dios.

ORIGEN DEL NOMBRE "EL TABERNÁCULO DE DAVID"

Para los judíos sectarios, (después de la muerte de Cristo), no les fue fácil concebir dentro de ellos, el compartir el mensaje de la salvación con los gentiles. Santiago utiliza la profecía de Amós 9:11 para dar credibilidad a los testimonios de Pedro y de los otros apóstoles que evidenciaban que la salvación vino a los gentiles por gracia.

Muchos discutían si éstos tenían que circuncidarse para judaizar y así recibir la salvación; siempre y cuando guardaran parte de la ley de Moisés. El argumento esencial de la experiencia de Pedro con Cornelio, "el gentil", negaba tales obligaciones, dando testimonio vivo que Dios estaba llamando también a los no judíos, a participar del regalo de la Salvación. El Apóstol Santiago se levantó para aclarar con sabiduría, afirmando: que Dios estaba reedificando el Tabernáculo caído de David.

El Espíritu Santo estaba visitando para establecer en medio de los pueblos gentiles, su poderoso nombre.

Así dice las escrituras: ...*Cuando terminaron, Santiago se puso de pie y dijo: «Hermanos, escúchenme. Pedro les ha contado de cuando Dios visitó por primera vez a los gentiles para tomar de entre ellos un pueblo para sí mismo. Y la conversión de los gentiles es precisamente lo que los profetas predijeron. Como está escrito: "Después yo volveré y restauraré la casa caída de David. Reconstruiré sus ruinas y la restauraré, para que el resto de la humanidad busque al Señor, incluidos los gentiles, todos los que he llamado a ser míos, El Señor ha hablado, Aquel que hizo que estas cosas se dieran a conocer desde hace mucho"*· Hechos 15:13-19 ^{NTV}

Afirmando esta declaración Simón el hermano de Jesús dijo : ...*Y mi opinión entonces es que no debemos ponerles obstáculos a los gentiles que se convierten a Dios.*

El Apóstol afirmo, que lo sucedido había sido profetizado y se estaba cumpliendo delante de sus ojos. Esta es la razón del porque Simón nombra la escritura del Profeta Amos 9:11, que dice: ...*En aquel día yo levantaré el Tabernáculo caído de David, y cerraré sus portillos y levantaré sus ruinas, y lo edificaré como en el tiempo pasado.*

Lo destacado de la profecía:

- **Yo volveré.** Se refiere a una visitación directamente de Dios. El Padre visitó la humanidad cuando envió a su hijo para salvación de los pecadores.

- **Restauraré o reedificaré**. Edificar otra vez. Acción de reparar las ruinas para volverlo al estado original. *Si Jehová no edificare la casa en vano trabajan los que la edifican*. Este Salmo estaba profetizando que era Dios mismo que levantaría el Santuario.

- **Todos los que han de ser llamados míos**. Porque el propósito del Padre era que: *"el resto de la humanidad busquen al Señor"*. La restauración en el Tabernáculo de David, y de la alabanza en este tiempo, es el camino que Jesús abrió para ir al Padre. La adoración es la llave a entrar a su presencia.

EL TABERNÁCULO DE DAVID

Tabernáculo en hebreo es /*cukkah*/ y su pronunciación es *{Sukkat}* cabaña, rústica o temporal. Una cubierta (vivienda), tienda (hecha de ramas). En la Biblia se encuentran solo tres veces la referencia para la expresión el *Tabernáculo de David*:

- **Isaías 16:5** …*Y se dispondrá el trono en misericordia; y sobre él se sentará firmemente, en el Tabernáculo de David, quien juzgue y busque el juicio, y apresure la justicia.*
- **Amós 9:11** …*En aquel día yo levantaré el Tabernáculo caído de David, y cerraré sus portillos y levantaré sus ruinas, y lo edificaré como en el tiempo pasado;*
- **Hechos 15:16**, … el Apóstol Santiago menciona la palabra profética de Amós.

La profecía en Isaías 16:5, se refiere al rey que se levantaría en misericordia sobre su pueblo, para poner fin a todas las injusticias cometidas por sus enemigos, éste Rey, lo haría con misericordia.

Este término se caracteriza en Jesucristo el juez justo y misericordioso.

El Tabernáculo de David se caracterizaba por tener solo el mueble del Arca, símbolo del trono de Dios. Este trono está basado en justicia y juicio, la misericordia es el desempeñar del carácter de Cristo; proféticamente anunciado, aquel cuya descendencia vendría de la línea directa de David, para sentarse en su trono como el legislador, gobernando con justicia sobre la tierra desde Sion, (lugar donde fue levantado El Tabernáculo de David).

Simón estaba dando testimonio que *"El Tabernáculo de David"* se había abierto a todas las razas, tanto Judío como gentil, para todos aquellos cuyo corazón buscaran a Dios con el fin de adorarlo en Espíritu y en Verdad.

El Tabernáculo en Gabaón y la Tienda de David

Y pasó Salomón a la hija de Faraón, de la ciudad de David a la casa que él había edificado para ella; porque dijo: Mi mujer no morará en la casa de David rey de Israel, porque aquellas habitaciones donde ha entrado el arca de Jehová, son sagradas. 2 Crónicas 8:11 ^{RVR1960}

En el Tabernáculo que David estaba el Arca de la Alianza, la adoración y reverencia, le permitía entrar confiadamente a la presencia de Dios, sin temor de juicio, al contrario David era consciente de la gracia presente y venidera.

El Tabernáculo de David, sería el símbolo de la adoración, dentro de la era cristiana

En el *Tabernáculo de David* no se ofrecía sacrificios de animales; solo se ofrecían sacrificios de alabanza con gozo y gratitud, (el ministerio de los músicos y trompetistas estaba en plena operación). En ese lugar solo se ofrecía "sacrificios espirituales".

> **La tienda o Tabernáculo de David fue un precursor del templo que Salomón construiría más adelante.**

Detrás del Secreto del Tabernáculo de David

El Tabernáculo de David **se caracterizaba por ser algo sencillo y precario que David había hecho.**

- Trajo el Arca para que estuviera en el monte de Sion donde estaba su casa. (David no solo amaba la presencia sino que conocía los beneficios que ella impartía)

- El Rey David sabía que la presencia era tan importante como la unción, que un día fue derramada sobre su cabeza. (Él sabía que el Santo Espíritu, lo mantuvo toda su vida en victoria).

- Venció a los jebuseos porque tuvo revelación del **santo monte** (Sion). Los Jebuseos tenían una fortaleza desde los tiempos de Josué. David sabía que ese monte le pertenecía a su Dios Jehová, y algo espiritual se movería en el futuro.

- David sabia adorar a Dios en Espíritu y en verdad, temía a Dios y amaba su ley. (Salmo 119). Lo adoraba cuando estaba solo, cuando estaba en aflicción y cuando estaba contento en medio del pueblo. (1 Samuel 15:32).

- David entendía que solo los limpios de corazón podrían entrar al santuario. Escribió en su salmo 20:2 diciendo *Te envíe (YHVH) ayuda desde el santuario, Y desde Sion te sostenga Haga memoria de todas tus ofrendas, Y acepte tu holocausto.*

- Amaba a Dios y le clamaba con todos su corazón. Salmo 132:8-10. ... *Levántate, oh Jehová, al lugar de tu reposo, Tú y el arca de tu poder. Tus sacerdotes se vistan de justicia,*

Y se regocijen tus santos. Por amor de David tu siervo no vuelvas de tu ungido el rostro.

– David sabia de la protección de Dios como escudo alrededor de él, y también la sintió muchas veces. Conocía la revelación de la salvación y de la vida eterna. Salmo 91. *Lo saciaré de larga vida, Y le mostraré mi salvación. v.16*

EL ORDEN ENTRE LOS SACERDOTES Y LA MÚSICOS (Dos Trompetas Sonando Continuamente)

Los Sacerdotes Benaía y Jahaziel *sonaban continuamente* las trompetas delante del arca del pacto de Dios. Esta orden de David era algo nuevo dentro de la orden sacerdotal. Él tenía visión acerca del Mesías y reconocía que delante del trono de Dios (frente al Arca del Pacto) tenía continuamente que sonar la música que exaltaba con alabanza de regocijo al Rey.

Las trompetas de plata sonando, significaban las profecías futuras exaltando al Mesías y proclamando que su trono estaba establecido sobre juicio y justicia.

Esto nos recuerda, las siete trompetas que vio el Apóstol Juan; listas para ser tocadas por los ángeles de Dios.

Los Músicos en el Tabernáculo

Los Músicos escogidos por David ministraban delante del arca continuamente.

Y dejó allí, delante del arca del pacto de Jehová, a Asaf y a sus hermanos, para que ministrasen de continuo delante del arca, cada cosa en su día; ...y a Obed-edom y a sus sesenta y ocho hermanos. v.37-38

El Arca en Gabaón

El Tabernáculo de Dios; el que había construido el pueblo de Israel en el desierto bajo la dirección de Moisés, estaba levantado en Gabaón (esta ciudad quedaba a noreste de Jerusalén). Allí continuaban los sacerdotes ministrando las ofrendas y los sacrificios que traían el pueblo al Señor. Los sacerdotes seguían ministrando y cantando a Dios. El sacerdocio en Gabaón estaba bajo el liderazgo de dos sacerdotes: Ahimelec, hijo de Abiatar y Sadoc, los cuales ayudaron y fueron fieles a David durante casi toda su vida.

La Adoración Se Instala en Jerusalén

¿Por qué David no fue castigado por no llevar el Arca del Pacto a Gabaón? Gabaón no era el lugar donde el Arca debía de estar; su lugar era el Monte de Sion y David por el Espíritu de Dios lo entendió así. En su corazón comenzó a hacer los planos del futuro templo donde debería estar el Arca del Pacto. También hace el negocio de comprar la tierra para dejar todo listo para construir el Templo. El templo tenía que ser grandioso y algo nunca visto porque sería dedicado al Todopoderoso Dios de Israel. Tenía que ser un lugar de alabanza continua y de sacrificios continuos.

- 1 Crónicas 16:37. *Y dejó allí, delante del arca del pacto de Jehová, a Asaf y a sus hermanos, para que ministrasen de continuo delante **del arca,** cada cosa en su día.*
- 1 Crónicas 16.39 *Asimismo al sacerdote Sadoc, y a los sacerdotes sus hermanos, delante del Tabernáculo de **Jehová en el lugar alto que estaba en Gabaón***
- *Se ministraba de día y de noche* – 1 Crónicas 9:33-34

La adoración era muy importante, esto tenía que ver con el acto de reverenciar, alabar, dar gracias, reconocer o declarar los méritos de Dios mismo y su presencia. Para ello se utilizaba un término hebreo que era la palabra /*Yadah*/, esta era una palabra muy importante para referirse a la adoración o a la acción de gracias, y aparece 100 veces en el Antiguo Testamento, la mayoría de las cuales pertenecen al libro de los Salmos. Este verbo proviene del sustantivo *yad* (mano), del cual surge el verbo *yadah* que sugiere manos extendidas como expresión de adoración y acción de gracias. Dos palabras sumamente importantes que están relacionadas con este término *yehudah* y *todah Yehudah* (Judá) fue nombrado así cuando su madre declaro: Esta vez alabare o agradeceré al Señor (Génesis 29:35) La palabra /*Todah*/ significa gracias.

EL TABERNÁCULO CAÍDO

Dios ha estado levantando el Tabernáculo de David en nuestra generación en diferentes países y de diferentes maneras.

La verdadera alegría y el gozo en los cultos viene solo por causa de la presencia. Lo más importante hoy en los cultos no son los instrumentos de música, las luces, el sonido, el escenario, ni ninguna otra cosa, sino la presencia. Si se tiene una orquesta y no se le alaba de corazón al Señor, ahí no estará el Arca, se le debe dar toda la gloria a Dios. Pero, ¡que gloriosa es la gloria cuando todos los instrumentos y músicos se ponen de acuerdo y le adoran en un solo espíritu, conociendo el nivel de pureza y santidad!

La exaltación al hijo de Dios promueve la manifestación de la gracia de Dios y de la salvación.

Cuando en una congregación Dios viene para manifestarse y levantar *el Tabernáculo de David* la adoración de los levitas debe ser unida al corazón de Dios. El Salmo de David 22 dice: *"Pero tú eres santo, Tú que habitas entre las alabanzas de Israel."* La misma revelación que tuvo David debe tener cada cantante y músico hoy en la congregación. La palabra *habitar*, es la misma palabra hebrea que se usa en Juan 1:14 cuando dice *"y habito entre nosotros"* la cual su traducción más correcta es *"se hizo Tabernáculo entre nosotros"* es decir que estableció su santuario, su presencia, su redención en nuestro campamento. Él habita en medio de la santidad, por eso si no la hay, su Espíritu se retira.

Al alabarle con júbilo y dedicación, la gracia y la verdad se manifiestan en milagros y maravillas trayendo liberación sanidad y salvación.

La Casa de David

En el antiguo cercano oriente las culminaciones de las campañas militares de un rey con frecuencia se conmemoraban construyendo un palacio o un templo. David y Salomón se deben considerar como "uno"; con respecto a la promesa de edificar "Una Casa al Señor", ya que ambos prefiguraban al Rey, el Señor Jesucristo.

David como guerreo, y Salomón como el establecedor de la victoria, lo cual se torna en pacificador, bajo un tiempo de paz.

Salomón inicia el reino en que la paz se funda en David, la justicia severa. Jesucristo es nuestra justicia y nuestra paz. … *Y reinó David sobre todo Israel; y David administraba Justicia y equidad a todo su pueblo. 2 Samuel 8:15* ^RVR1960^

La frase "*La Casa de David*" significa la familia o el clan que son los descendientes de la estirpe de David como en los siguientes versículos en los que la "casa de David "se contraponía a la *"casa de Saúl" Hubo larga guerra entre la casa de Saúl y la casa de David; pero David se iba fortaleciendo, y la casa de Saúl se iba debilitando 2 Samuel 3:1* ^RVR1960^. El reino de la casa de Saúl fue traspuesto a la casa de David (2 de Samuel 3:10). La palabra *casa* es una definición de la palabra hebrea /*bayith*/ que significa: casa estructurada en un específico lugar, hogar y familia. La referencia /*bayith*/ como "casa de David", no sólo incluía a la familia, sino a todos los que vivían en ella: siervos, esclavos y auxiliares. El significado de la palabra casa /*bayith*/ a veces se extiende hasta abarcar a toda la línea ancestral, como "*la casa y familia de David*".

José, el esposo de María, la madre de Jesús, era descendiente de la familia de David.

Y José subió de Galilea, de la ciudad de Nazaret, a Judea, a la ciudad de David, que se llama Belén, por cuanto era de la casa y familia de David; Lucas 2:4 ^RVR1960^

Casa /*Bayit*/ también se puede referir al El Templo, la casa de Jehová, en Jerusalén.

Cuando el profeta Natán le revela la voluntad de Dios a David, le añade algo muy importante: *Asimismo Jehová te hace saber que él te* **hará casa.** *2 Samuel 7:11* ^RVR1960^

Aparte de la gran familia o "clan" David fue levantado por Dios mismo como: *Príncipe sobre el pueblo de Israel";* eso le es hablado por Dios mismo al oído de David. En el v. 27 del mismo capítulo dice, que Él mismo le edificaría casa. Mientras que David le dice: - ¡Yo quiero hacerte una para ti!. Natán le responde de parte de Dios: - "*no tú, sino tu hijo*".

Dios le promete a Salomón, que si seguía los pasos de David, su Padre, este le edificaría *una casa firme, como Dios mismo le levantó a David. …Y si prestares oído a todas las cosas que te mandare, y anduvieres en mis caminos, e hicieres lo recto delante de mis ojos, guardando mis estatutos y mis mandamientos, como hizo David mi siervo, yo estaré contigo y te edificaré casa firme, como la edifiqué a David, y yo te entregaré a Israel. 1 Reyes 11:38* ^{RVR1960}

A David no se le permitió construir "casa de Dios"; más bien, Dios le haría "Casa" a David.

La palabra *casa* tiene dos connotaciones: una para el templo físico, y otra para la "casa" de la familia de David. La promesa de Dios fue a través del profeta Natán *"Será afirmada tu casa y tu reino para siempre"* promesa de Dios a David refiriéndose que Dios mismo le levantaría un linaje de sus propias entrañas y seria afirmado su reinado. *Y será afirmada tu casa y tu reino para siempre delante de tu rostro, y tu trono será estable eternamente.*

Al entender David las palabras que Dios le dio a través del profeta Natán, se puso delante de Jehová, (delante de Arca) para agradecer a Dios por esa promesa tan majestuosa. David entendía que Dios estaba uniendo estrechamente "su casa", con el glorioso Mesías.

David recibió la revelación del Redentor, del Ungido, del Rey venidero. ¡La joya más preciada de Israel! David, era parte ya del Mesías porque lo llevaba adentro de sus lomos. ¡Es evidente que este fue un gran privilegio para él!

Así como muchas naciones saldrían de los lomos de Abraham; de los lomos de David saldría el Mesías.

Desde esa promesa, la línea del ADN espiritual de David siguió hasta Jesucristo. Lo cual podemos afirmar que las promesas del Reino Sempiterno, están asentadas hasta el mismo trono de Dios, donde Jesucristo está sentado a la diestra del Padre, esperando el momento en que se le dé la orden de bajar y tomar el Reino.

…Pero siendo profeta, y sabiendo que con juramento Dios le había jurado que de su descendencia, en cuanto a la carne, levantaría al Cristo para que se sentase en su trono. Hechos 2:30 ^{RVR1960}

He aquí que vienen días, dice Jehová, en que levantaré a David renuevo justo, y reinará como Rey, el cual será dichoso, y hará juicio y justicia en la tierra. Jeremías 23:5 ^{RVR1960}

El que no entiende acerca de primogenitura, no le da valor a ella y el que no entiende el honor de poder ser parte de la genealogía de Jesucristo tampoco apreciará el privilegio que Dios le dio a David.

NOTAS

Lección 9

La Llave de David

A Jesucristo el cordero fiel y verdadero se le entrega "la Llave de David".

7 Escribe al ángel de la iglesia de Filadelfia: Esto dice el Santo, el Verdadero, el que tiene La Llave de David, el que abre y nadie puede cerrar, el que cierra y nadie puede abrir: 8 Yo conozco tus obras. Mira que delante de ti he dejado abierta una puerta que nadie puede cerrar." Apocalipsis 3:7-8.
RVR1960

Juan ve en una visión las siete lámparas y a sus ángeles, que son las siete Iglesias y el que habla es Jesús, el resucitado entre los muertos. El mensaje es para la Iglesia de aquellos que guardaron su palabra hasta el fin y no negaron su nombre. *La llave de la casa de David*, en la mano de Jesús, abre las puertas de la revelación para Juan, (Apocalipsis 4:1) mientras que "el abrir una puerta" representa la autoridad del reinado de Cristo eternamente y para siempre. Para entender que significa la llave de David debemos analizar las *"puertas abiertas que esta llave abre a la bendición"* y la *"llave"* que da el acceso a ella.

David encontró el secreto, para adquirir el acceso.

Su corazón se identificaba con el Señor, el Dios Eterno; amaba estar en su presencia y fue cautivado por ella. Dios lo visitaba a diario teniendo una comunión extraordinaria. Eso llevo a David aprender a oír la voz del Señor Jehová y depender de Él en todo momento. Alcanzo la entrada directa al trono, por la llave de la comunión y la adoración que sólo el Espíritu de Dios le pudo conceder.

¡Dios conoce a quien le busca de corazón y con pasión! Nadie que está permaneciendo en su presencia será avergonzado. Su presencia es el mejor escudo de protección que cualquier hijo de Dios puede tener.

LOS SECRETOS DEL CORAZÓN DE DAVID

Analicemos los secretos que adquirió David:

- Primer secreto revelado de la llave de David. **Amo la Justicia y aborreció la maldad**. …*Has amado la justicia y aborrecido la maldad; Por tanto, te ungió Dios, el Dios tuyo, Con óleo de alegría más que a tus compañeros.* Salmo 45:7. Este versículo tanto se puede referir a David como al Mesías, este mismo texto es nombrado en Hebreos 1:8, refiriéndose a Cristo. El Hijo de Dios, amó la verdad y fue aprobado por el Padre.

- Segundo secreto revelado de la llave de David: **Temerle a Dios con reverencia y guardar sus mandamiento**. Los que poseen la llave de esta sabiduría son compañeros, como asociados y amigos, esta expresión la encontramos en el Salmo 45 y el Salmo 119.63. *Compañero soy yo de todos los que te temen Y guardan tus* *mandamientos.* La unidad en el Espíritu, es tener, "un mismo sentir", "unidos por una causa común". Temerle es reconocer que sus decisiones están por encima de todo principado de maldad que es Dios el que toma las última decisión en todo. (Apocalipsis 15: 3-4)

- Tercer secreto: **tuvo revelación y acceso para entrar al Monte de Sion.** *...Grande es Jehová, y digno de ser en gran manera alabado En la ciudad de nuestro Dios, en su monte santo. Hermosa provincia, el gozo de toda la tierra, es el monte de Sion, a los lados del norte, la ciudad del gran Rey. Salmo 48:1-2* ^{RVR1960.} Dios le revelo los planos de para el Templo, sus materiales a usar, y el orden levítico y sacerdotal. Pero lo más tremendo fue que recibió en su espíritu el lugar exacto en donde el templo debía ser levantado.

- El cuarto secreto revelado por Dios a David; es que: **Entendió por adelantado la gracia y la misericordia de Dios.** David vivía en ella, funcionaba bajo la misericordia, no solo sintiendo su presencia sino que vivía bajo el favor de Dios; teniendo revelación del trono, del Arca, del perdón de Dios.

¿Cuál es la Función de una Llave?

Una llave es un instrumento cuya función permite abrir y cerrar las cerraduras de las puertas. El abrir implica el obtener el acceso a algo. Según el diccionario RAE, la palabra acceso significa: entrada.

El hecho que el mismo Señor mencione a David, da a entender que David encontró el secreto, para adquirir el acceso. David entro a comprender al mismo Jesucristo.

La palabra "acceso" significa: la comunicación con alguien; acción de llegar o acercarse. David se acercó a la presencia y tuvo el permiso del Dios Todopoderoso para *"ir más allá"* por la revelación de Dios. Vio más allá de un holocausto quemándose en el altar de bronce; David paso por todas las puertas desde el cordero de Dios hasta al cordero inmolado.

David tuvo el permiso otorgado por Dios para acceder al entendimiento de los planes divinos, tuvo el permiso, (a través de la comunicación divina), a entender el acceso a la presencia de Dios sin impedimento y sin "velo" (lo cual era lo que detenía a las personas entrar al trono de Dios).

David adquirió la llave para entrar directamente al lugar Santísimo (sin ser Sumo Sacerdote) a través de la llave de la adoración.

Entendió el sacrificio que requeriría Dios, cuando el Mesías moriría en la cruz por los pecados del mundo.

David supo que el sacrifico que Jehová buscaba era el corazón limpio y humillado delante de su presencia el cual era la vía de acceso que le daba la aceptación.

David entendió que el sacrificio de un corazón dispuesto para agradar a Dios, es a través de la alabanza, reconociendo a Dios como el único que puede perdonar pecados.

La llave en su mano le permitían a David vivir bajo la gracia y no bajo la ley.

David no fue castigado cuando llego cansado al Tabernáculo y tomo de los panes de la propiciación. David, tenía la llave de la autoridad delegada lo cual entendía que su Señor era su sustento y su pan, y como siervo hambriento quería recibir el alimento que le daría fuerzas para seguir. David siempre se mantenía delante de su presencia cada vez que podía, antes de ir a las batallas, en los momentos cuando era perseguido a muerte por Saúl.

David vivía como un cristiano lo tiene que hacer ahora; cuando el Apóstol Pablo se refiere en la carta a los Romanos, el cual habla de la ley del Espíritu, y lo que es vivir, en el Espíritu. David adoraba en Espíritu y verdad, aprendió a mirar sin velo, (obstáculo) a cara descubierta la gloria de Dios. La llave de David le dio el acceso al camino que Cristo mismo abrió para su amada Iglesia, el camino hacia la presencia del Padre.

El abrir y cerrar implica la adquisición o la negación a una entrada, que resulta ser, la posesión de una dimensión.

Los Diseños Divinos

David tuvo el permiso otorgado por Dios para acceder al entendimiento de *los diseños divinos*; y lo logro, (a través de la comunicación divina). No solo vio al Cristo que daba redención sino además vio los diseños del templo. Si recordamos, a Moisés también se le mostró los diseños para construir el Tabernáculo,

…Conforme a todo lo que yo te muestre, el diseño /tabniyt/ del tabernáculo, y el diseño /tabniyt/ de todos sus utensilios, así lo haréis. Éxodo 25:9 RVR1960

La palabra "diseño o patrón" de este versículo, es /tabniyth/. Se traduce en otras partes de la Biblia como *semejanza, forma* y la *figura*. Otra traducción que se podría utilizar fácilmente es "modelo" en algunos contextos, ya que, como algunos estudiosos creen, la raíz de /tabniyth/ es la palabra /banah/, "para construir." Sin duda, el significado de la palabra indica algo que tiene un parecido o una similitud con el producto final o **a un original que se puede representar de alguna manera.**

Moisés, David y Ezequiel recibieron los patrones divinos del Templo de Dios. Sin embargo David es destacado, por recibir los *diseños del templo* y la revelación de *"las misericordias de Dios"*.

LAS MISERICORDIAS DE DAVID

Después de su pecado con Betsabé, David es ministrado por Dios a través de su gran misericordia. Por causa de ella, es que hoy tu puedes apelar a Dios; sus misericordias son eternas y por ellas se es salvo y libre de condenación. Cuando leemos las oraciones de los Salmos, tocan el corazón y nos unimos al clamor de sus expresiones con profunda convicción, el cual nos inspira a la fe:

"…Ten piedad de mí, oh Dios, conforme a tu misericordia; Conforme a la multitud de tus piedades borra mis rebeliones". Salmo 51:1 RVR1960

David mismo, entendió que los sacrificios eventuales que podía ofrecer a Dios, eran temporales y traían fruto.

…"He aquí, tú amas la verdad en lo íntimo, Y en lo secreto me has hecho comprender sabiduría". Salmo 51:6 RVR1960

David Obtuvo el Favor Directo de Dios para:

- Vencer a sus enemigos, y subyugarlos.
- Llegar a ser como los grandes de la tierra.
- Vivir bajo la unción para que los enemigos espirituales y físicos se sujetaran a él.
- Logró entender que el secreto para llegar a tocar el corazón de Dios, era por medio de la alabanza, y la adoración.
- Llegar a ser rey y gobernar sobre Israel.
- Ser participe directo de la línea sanguínea del Mesías.
- El Cristo, Ungido seria llamado, "Hijo de David"

Todos Estos Aspectos se Vieron Reflejados en Jesucristo.

Aumentado por siete en plenitud total, observemos uno por uno:

- Jesús tuvo el poder que Dios le dio para sujetar y poner debajo de sus pies a todos sus enemigos.
- Dios le dio la unción siete veces más que a sus compañeros.
- Poder y Fama para atraer las multitudes acompañado de milagros, maravillas y resurrección de muertos.
- El Señor entrego su cuerpo en sacrificio vivo, grata ofrenda a Dios de adoración.

- Vendrá por segunda vez y reinará en Jerusalén mil años.

¿Cuál Fue el Éxito de David?

Su total confianza en el Todopoderoso Dios que lo había llamado y ungido. Entendió el sacrificio que requeriría Dios en el futuro, cuando el Mesías moriría en la cruz por los pecados del mundo.

Características de David Para Poseer la Llave

- **Integridad** es sinónimo de santidad. David era un hombre íntegro, así como Jesús era y es fiel.
- **Verdadero**. Otra característica de Jesús era y es "el Verdadero". "Verdadero" es aquella persona que no habla mentira, y que la mentira no habita en él. Salmos 51:6 dice: "*He aquí, tú amas la verdad en lo íntimo, y en lo secreto me has hecho comprender sabiduría*". Cuando caminas en la verdad, estas caminando por la senda que anduvo el Señor (Jesús se manifestó como el camino al Padre). Jesús era el logo de Dios, la palabra verdadera que salía de su boca con verdad.
- **Santo.** La integridad de corazón y caminar siempre en la verdad, te lleva a la santidad.
- **Pasar tiempo con Dios.** Cuando te deleitas en pasar tiempo en su presencia es porque el Espíritu Santo te ha llevado al encuentro con el verdadero amor, porque Dios es Amor.

La Casa de David

La llave de David estaba conectada con "*la casa de David*" lo cual Dios lo levantó, como un mayordomo fiel de todo el "reinado". Para llegar a ser un verdadero mayordomo dentro del Reinado de David, no solo el aspirante tenía que estar alineado con la visión de la "casa", sino que el amo /*adonai*/ debía de estar satisfecho y aprobar el trabajo del mayordomo.

Un mayordomo puede ser fiel o infiel.

Sebna, el Mayordomo Infiel

Sebna era un alto funcionario en tiempos del Rey Ezequías, un administrador del palacio del rey, llamado también secretario de la corte. Se nombra en la Biblia negociando con Rabsaces, cuando el Rey Senaquerib exigía la rendición de Jerusalén. Sebna, era el segundo después del Rey, un arrogante secretario. El sin permiso, dispuso la construcción de una tumba con un monumento para sí mismo, en el mismo terreno que David compró para él y su familia real. Por esa causa, el profeta Isaías lo reprendió y le predijo que moriría en un país distante (Isaías 22:15-19).

El profeta expresó sus sentimientos de importancia por sus acciones orgullosas. Él trató de usar su posición en el trabajo, para hacerse aún más importante y poderoso. Las acciones orgullosas de Sebna hace enojar a Dios, haciéndole perder todo. La gente en Judá tenía que escoger entre confiar en Dios y depender del esfuerzo personal. De hecho, un día Dios juzgará a las Naciones, s que escogieron, confiar en Dios o en su liderazgo humano. El profeta Isaías como visionario de Dios interpretaba al infiel Sebna como el hombre que quiso poner su honra en un lugar que Dios no le había concedido.
Sebna quiso darse honores y usurpar el lugar que solo le correspondía a David y a sus príncipes, el cual iba más allá del entendimiento humano.

Recordemos que David tenía la llave del favor y de la herencia Mesiánica, Dios no permitiría que en la Casa real y menos en la tumba de la descendencia de David, que un impostor levantara su pagana imagen.

Desde la tumba de David se levantaría el hijo de Dios, el león de la tribu de Judá, victorioso entre los muertos. La casa de David era la sucesión del Mesías, la tumba representaba el establecimiento de la dinastía mesiánicos, Sebna era un usurpador de tal dinastía. Representa espiritualmente que los impíos no heredaran la primera resurrección.

Sebna representa al enemigo de Dios, el usurpador del trono, el que se opone y es arrogante.

Por la cual Dios mismo determina juicio profético sobre él por su falta de confianza en el Altísimo, declarando por medio del profeta Isaías en los siguientes textos bíblicos:

16 *»¿Quién te crees que eres, y qué haces aquí, construyéndote una hermosa sepultura, un monumento en lo alto de la roca? 17 Pues el Señor está a punto de arrojarte lejos, hombre poderoso. Te agarrará, 18 te arrugará y hará de ti una bola y te lanzará a una tierra árida y distante. Allí morirás, y tus gloriosos carros de guerra quedarán rotos e inútiles. ¡Eres una vergüenza para tu amo! 19 »Sí, te sacaré de tu puesto —dice el Señor—, te derribaré de tu elevada posición. 20 Y entonces llamaré a mi siervo Eliaquim, hijo de Hilcías, para que te reemplace. Isaías 22:16-20* NTV

ELIAQUIM, EL MAYORDOMO FIEL

20 *Y entonces llamaré a mi **siervo** Eliaquim, hijo de Hilcías, para que te reemplace. 21 Lo vestiré con tus vestiduras reales y le daré tu título y tu autoridad. Y será un padre para el pueblo de Jerusalén y de Judá. 22 Le daré la llave de la casa de David, **la posición más elevada dentro de la corte real.** Cuando él abra puertas, nadie podrá cerrarlas; cuando él cierre puertas, nadie podrá abrirlas. 23 Le traerá honor al nombre de su familia, porque yo lo pondré firmemente en su lugar como un clavo en la pared. 24 Le darán grandes responsabilidades, y él les traerá honor incluso a los miembros más humildes de su familia. Isaías 22:20-24* NTV

Eliaquim Recibe las Llaves de "la Casa Real"

Y pondré la llave de la casa de David sobre su hombro; y abrirá, y nadie cerrará; cerrará, y nadie abrirá. Isaías 22:22 ^{RVR1960}

Pero, exactamente, ¿qué es la *llave de David*?, La primera mención de la llave de la casa de David se encuentra en el libro de Isaías, en una descripción de los deberes de Eliaquim, el mayordomo real del rey Ezequías de Judá. La llave entregada a los mayordomos y tesoreros de la casa de David; (era la posición más elevada dentro de la corte real).
El administrador ministraba las finanzas, y toda la organización que correspondía al rey, príncipes y sirvientes; a todos los que componían "la casa de David".

LAS LLAVES SOBRE SU HOMBRO

Jesucristo como Sumo Sacerdote lleva sobre sus hombros las piedras con las inscripciones de las doce tribus de Israel. Él es Señor sobre la casa; también es Pastor porque lleva con ternura en sus hombros a la recién parida. El tamaño y el peso de una clave tiene un significado: y es que por ser tan grande el propietario la tenía que llevar en el hombro. EL hombro en la Escrituras significa: *todo poder de fuerza.* (Ezequiel 34:21). En Sofonías encontramos un texto que arroja luz.

En aquel tiempo devolveré yo a los pueblos pureza de labios, para que todos invoquen el nombre de Jehová, para que le sirvan de común consentimiento. Sofonías 3:9 ^{RVR1960}

Se puede parafrasear: *El hecho de que todos invoquen el nombre de Jehová, para servirle con un hombro,* es decir, "con una sola alma, por lo tanto con una sola fuerza". Este pasaje se refiere cuando el Señor establezca su reino; los que queden le servirán con una sola mente. (El profeta Isaías lo explica en el capítulo 9). Esto se refiere al Señor Jesucristo *"sobre su hombro la llave de la casa de David",* significa su poder y autoridad, por lo tanto escribe que su principado será fuerte:

Isaías profetiza la entrega del acceso de la administración

¿CÓMO ERA LA LLAVE DE LA CASA DE DAVID?

En la antigüedad la llave era como "una clave" hecho un largo trozo de madera. Tenía clavijas de madera en un extremo, y estaban provistas de pequeños agujeros en una barra de madera en el interior de la puerta. Sólo las personas de grandes propiedades, eran dignos de una llave así. Sólo había una, por esta razón el amo de la propiedad le daba a su mayordomo la clave lo cual podría utilizarla, para abrir o cerrar la puerta. Especialmente la que estaba su dinero. (en ese tiempo tesoro, o bienes).
Así que la *clave* era también un signo de autoridad.
El nombre de Eliaquim significa: "Dios da crecimiento". Éste tenía un padre llamado Hilcías, lo cual su nombre significa: "la herencia de Dios".

Esto nos da a entender la relación correcta entre Jesucristo y su Padre. Es evidente que Jesús fue obediente hasta la muerte.

Por eso le es profetizado a Eliaquim lo siguiente: *Lo vestiré con tus vestiduras reales y le daré tu título y tu autoridad. Y será un padre para el pueblo de Jerusalén y de Judá. Isaías 22:21* ^NTV

Eliaquim es Llamado Siervo

Eliaquim es llamado "mi Siervo" un título de alto honor dado a Jesucristo, cuando Isaías lo ve es visión y dice:

…He aquí mi siervo, yo le sostendré; mi escogido, en quien mi alma tiene contentamiento; he puesto sobre él mi Espíritu; él traerá justicia a las naciones. Isaías 42:1 ^RVR1960

HIJO DE DAVID

Diecisiete versículos del Nuevo Testamento describen a Jesús como el *"hijo de David"*. Pero surge la pregunta, ¿cómo podría Jesús ser el hijo de David, si David vivió aproximadamente 1.000 años antes de Cristo? La respuesta es que el Mesías, fue el cumplimiento de la profecía de la simiente de David (2 Samuel 7:14-16).

Jesús es el Mesías prometido, lo que significa que tenía que ser de la estirpe de David.

Mateo capítulo 1, da la prueba genealógica que Jesús, en su humanidad, era un descendiente directo de Abraham y de David a través de José, el padre legal de Jesús. La genealogía en Lucas 3, traza el linaje de Jesús a través de su madre María. Jesús es un descendiente de David por la adopción por medio de José y por la sangre a través de María. "En cuanto a su vida terrena [Jesucristo] era un descendiente de David" (Romanos 1:3). Cuando el ciego Bartimeo gritaba sin parar: *"Jesús hijo de David ten misericordia de mi"*. Bartimeo había entendido sin ver, que el que caminaba cerca de él, era el Mesías, el descendiente del trono de David, el cual las misericordias se reflejaría a través de su vida, para bendecir al pueblo de Dios. Este recibió el milagro, porque creyó en Jesús como su salvador.

¡Que tu fe crezca en la revelación de Jesucristo para recibir todos sus favores que tiene reservados para ti!

Lección 10

Sadoc la Imagen del Sacerdocio Fiel

Durante el reinado de David, dos principales sacerdotes continuaban la genealogía sacerdotal, uno era Abiatar y el otro Sadoc. Ellos compartían como iguales sus deberes y derechos dentro del sacerdocio, sin embargo el final de cada uno de ellos fue totalmente diferente. Abiatar, fue desterrado lejos de Jerusalén, mientras que Sadoc permaneció fiel al lado de David hasta el final de sus días y el primero del nuevo sucesor de David, su hijo Salomón.

Sadoc representa hoy día los ministros fieles a Dios y a su autoridad para ejercer el ministerio delante de Dios, mientras que Abiatar es un reflejo de los ministros infieles.

Para entender claramente lo que Dios nos quiere mostrar a través de estos dos siervos, debemos de indagar en la historia y en el desarrollo de la misma, así llegaremos a la raíz y los errores para conocimiento como ejemplo espiritual, de cómo deben de actuar los ministros para agradar a Dios en el presente.

No se debe de olvidar que los errores del pasado siempre traen consecuencias en el futuro; al contrario de las buenas acciones, que dejan huellas imborrables para las próximas generaciones.

CONOCIENDO A SADOC

Estas son sus habitaciones, conforme a sus domicilios y sus términos, las de los hijos de Aarón por las familias de los coatitas, porque a ellos les tocó en suerte. 1 Crónicas 6:54 RVR1960

Aarón tuvo cuatro hijos lo cual murieron dos, quedando vivos para ministrar delante de Dios, Eleazar e Itamar. Eleazar fue el antepasado de los sacerdotes Sadoquitas, (Sadoc) quienes en tiempos de Salomón tuvieron predominio sobre la familia de Abiatar, que descendía de Itamar, el hermano menor de Eleazar (1 Crónicas 6:3-15; 1 Reyes 2:26, 27, 35). Era descendiente de Aarón por la línea del sumo sacerdote Eleazar.

Sadoc era el décimo-cuarto Sacerdote de la línea escogida para servir delante de la presencia del Señor Jehová. Este formaba parte del Segundo período de siete, es decir: De Leví al Sacerdote Abisua se cuenta siete descendientes, y de su hijo a Sadoc siete, haciendo un total de catorce. Sadoc fue un Sacerdote prominente relacionado con el levantamiento y establecimiento del reinado davídico, nunca aspiró a cualquier posición o recompensa. Su lealtad y amor por su rey era todo lo que importaba. Al final, Sadoc se convirtió en el principal sacerdote de todo Israel. Más tarde uno de sus hijos, se convirtió en jefe de los sacerdotes, y una de sus hijas se convirtió en la reina de Israel.

DOS MENTES, DOS VISIONES

Cuando se habla del llamado al servicio de Dios; se puede encontrar dos prototipos: primero, el asalariado que no se enfoca en el objetivo principal, sino más bien su corazón se inclina en el beneficio propio y segundo lo opuesto, que es un buen pastor, entregado a las almas lo cual honra a Dios a través de su llamado.

Hoy en día también existen estas estas dos modalidades. La persona escoge a quien sirve, si se deja influenciar por un líder asalariado, deshonesto, egoísta, es porque también en su corazón ama más al dinero que a Dios. Si eso sucede será infiel no solo a Dios sino a su autoridad en la tierra. ¡Examina tu corazón, porque es fácil que se incline al mal!

Sadoc era aún joven cuando comenzó a ejercer su llamado, desde su inicio demostró ser decidido y con gran valor. Él fue uno de los jefes tribales que dio su apoyo a la monarquía davídica, en el momento en la cual más, éste lo necesitaba. Esto se puede leer en 1 Crónicas 12:23-28 cuando dice: ...*Y este es el número de los principales que estaban listos para la guerra, y vinieron a David en Hebrón para traspasarle el reino de Saúl, conforme a la palabra de Jehová:... ...y Sadoc, joven valiente y esforzado, con veintidós de los principales de la casa de su padre*

Desde ese momento en adelante mantuvo su lealtad al Rey David.

Abiatar cerca de esa fecha también comenzó su ministerio; éste y Sadoc tuvieron el privilegio de ser escogidos por el Rey para llevar el Arca del pacto, a la cuidad que David estaba levantando. (1 Crónicas 15:11,14) Sadoc no se quedó en la ciudad del Rey David sino que continuó oficiando durante un tiempo más en Gabaón, donde estaba el eventual Tabernáculo.

39 Mientras tanto, David colocó al sacerdote Sadoc y a sus colegas sacerdotes en el Tabernáculo del Señor en el lugar de adoración en Gabaón, donde siguieron sirviendo delante del Señor. 40 Cada mañana y cada tarde, sacrificaban al Señor las ofrendas quemadas habituales sobre el altar apartado para ese propósito, en obediencia a todo lo que está escrito en la ley del Señor, como él se lo había ordenado a Israel. 1 Crónicas 16:39-40 NTV

ABIATAR – DESCENDIENTE DE ELÍ

Abiatar era sacerdote de la descendencia del Elí, éste no ejercía bien su llamado, dejó que sus dos hijos mayores con sus malas acciones deshonraran su vocación sacerdotal. Eso hizo que Dios mandara un profeta el cual le profetizó una terrible sentencia acerca del destino de su generación. El profeta le dice a Elí:

"He aquí, vienen días en que cortaré tu brazo y el brazo de la casa de tu padre, de modo que no haya anciano en tu casa." 1 Samuel 2:31 RVR1960

El profeta estaba dando una sentencia sobre la descendencia del sacerdocio. Esta amonestación de parte de Dios era un aviso para todos los ministros del templo, los presentes y los que servirían al Señor en las futuras generaciones. *¡Cuidado si vas a servir a Dios, y quieres vivir hasta tu vejez haciéndolo, hazlo con sabiduría y sin apariencia, porque El ve las intenciones de tu corazón!*

Hoy son pocos los que entienden estas verdades Bíblicas. Muchos se mueven para competir con los demás.

David fue fiel antes de subir al trono, estando solo, siendo aún un joven. Más tarde fue probado al servicio del rey Saúl. Nunca tomó el trono por su fuerza, ni antes de tiempo. El temor al Señor lo mantuvo caminando paso a paso en el *kairos* de Dios.

Los verdaderos ministros no quitan ni dividen iglesias. No pisotean la profecía imponiéndose ellos mismos fuera del tiempo de Dios. Respetan la labor y el sacrificio de otros. Muchos llamados siervos de Dios toman ovejas de otras Iglesias y hacen división creyendo que Dios los va a respaldar. Dios solo respalda el corazón fiel y sincero. Estos mutiladores del cuerpo son peor que Abiatar, no consideran las heridas que producen al causar división.

Si se analiza la vida de estos hombres, observaras que en la actualidad tiene mucho que ver con lo que hoy sucede en la iglesia. Primero hay que considerar, que el llamado de Dios es santo y perpetuo. Segundo Dios no miente ni se arrepiente, sus promesas son fieles y verdaderas. Mientras que el hombre a veces no toma con suma responsabilidad este servicio honorable, El permanece fiel. Hoy en día hay mucha deficiencia en los que pretenden decir que sirven a Dios.

¡Hay que cambiar esa forma liviana de servir, antes que la gloria de Dios se vaya!

Mira con suma atención los errores cometidos por los hijos de Elí y lo que conlleva hoy en día, que causa que la gloria de Dios se retire de los templos:

- Los hijos de Eli se engordaban de los principal y de lo más bueno de las ofrendas tomándolo para ellos sin reconocer, que eso le pertenecían a Dios.
- Ya Eli no oía a Dios por esa causa, la palabra verdadera ya no era traída y comunicada al pueblo.
- Hoy existen como ayer pastores y padres irresponsables que no corrigen

el pecado sexual de sus hijos.

- Ministros que se llaman apóstoles pero solo buscan sus beneficios económicos sin importarles a los más necesitados, débiles y enfermizos.

- Hoy se usa mucha motivación; educación secular y clases diversas de sicología para levantar la baja autoestima de los miembros, pero la verdadera palabra sin adulterarla ni trasgiversarla se evita de predicarla por temor a que la gente se les vaya de las congregaciones.

- Se predica pan recalentado, porque ya no se paga el precio para buscar y oír la verdadera voz de Dios para impartirla al pueblo. Muchos de los mensajes son repetitivos una y otra vez, copiados de lo que otros hablan, así el pueblo solo aprende lo que se les quiere enseñar.

Lo primero que hizo Elí cuando entendió que el joven Samuel era llamado por Dios fue preguntarle: "- ¿Qué te dijo Dios?" (Eli no oía la voz de Dios, porque había entrado en un tiempo de ocio espiritual lo cual lo llevó a la sordera).

La palabra del profeta anónimo era: - "...*y todos los nacidos de tu casa morirán en la edad viril.*" (1 Samuel 2:33). Esta profecía se cumplió literalmente cuando Saúl envió a Doeg a Nob a matar a ochenta y cinco de los sacerdotes que eran de la simiente de Elí. Pero entonces el profeta añade:

"*Y yo (YHVH) me suscitaré **un sacerdote fiel**, que haga conforme a mi corazón y mi alma; y yo le edificaré casa firme, y andará delante de mi ungido todos los días.*" 1 Samuel 2:35 *RVR1960*

Cuando el profeta dice: "a mi ungido" está hablando del rey David lo cual es figura de Jesucristo el Mesías, y evidentemente cuando se refiere a "*un sacerdote fiel*" se estaba refiriendo a Sadoc, ya que su analogía representaría a todos los siervos que han servido a Dios fielmente con su vida y servicio ante el Señor.

Esto nos da las dos opciones dentro del servicio sacerdotal: el siervo fiel y el infiel

Dios ha prometido: ..."*al que permanezca hasta el fin, éste será salvo*", hay una bendición de herencia y reinado con Cristo para aquellos que no solamente creen en su Palabra sino que han permanecido fieles a Dios, y al llamado que han recibido al servirle.

La duda de los infieles se pone a prueba cuando hay división de ideologías y tienen que decidir en su interior a quien seguir.

ABSALÓN Y ADONÍAS

Cuando Absalón se rebeló contra la unción de su padre David y quiso tomar el reino, en otra ciudad, los dos sacerdotes Abiatar y Sadoc, se quisieron unir a David y seguirlo en su exilio, éste les pidió que regresaran a Jerusalén junto con el Arca del Pacto. David conocía la verdadera responsabilidad de los sacerdotes, el cual era ministrar en el santuario de Dios. El Arca que era la presencia de Dios en medio de Israel le era más importante que su propia vida. David como el ungido de Dios tenía gente a su alrededor que lo apoyaba como los sacerdotes, consejeros y guerreros. Absalón representa los líderes que no conocen a Dios en profundidad y se dejan llevar por los impulsos de la carne.

Siempre hay de los que son demasiado religiosos y lo espiritualizan todo.

Alguien dijo: -"Yo sirvo a Dios y no a los hombres"; yo te pregunto: - ¿Cómo puedes ser fiel a Dios si no te sometes al hombre que es tu autoridad que lo puedes ver?. Dios quiere que seas fiel a Él, a través del ejemplo que das de lealtad.

Hay un tiempo de prueba, que Dios está observando las actitudes del corazón. La rebelión es el arma secreta de la mala intención que está escondida en el corazón del aquel que traiciona al hombre que ha sido separado con un llamamiento de santidad y pureza pero a la vez lo hace también a Dios.

El sacerdote que pierde la visión de su llamado, no la podrá ejercer con la misma autoridad delegada por Dios. El éxito de los hombres de Dios se verá respaldado por Dios mismo al final de su carrera, por causa de su fidelidad incondicional.

Hubo otro hijo de David que pretendió tomar el trono. Cuando el rey David estaba en su lecho de muerte, su hijo mayor Adonías, presumió que sería escogido rey para heredar el trono, (después de la muerte de Absalón). Para quitar rápidamente toda oposición y asegurar el trono para sí mismo, Adonías persuadió al Sacerdote y jefe Abiatar junto con muchos de los asesores más cercanos a David, incluyendo a Joab, para unirse a él exigiéndoles que lo ungieran como rey.

Aún todo el pueblo de Israel creyó que Adonías podía ser el siguiente rey. Sólo **cinco de los hombres** más fieles de David permanecieron con él hasta que murió, incluyendo **Sadoc el sacerdote.**

Pero el sacerdote Sadoc, y Benaía hijo de Joiada, el profeta Natán, Simei, Rei y todos los grandes de David, no seguían a Adonías. 1 Reyes 1:8 RVR1960

No era un asunto sencillo, desde que tomó el trono usualmente mataría a todos aquellos que no lo apoyaran, pero Dios escogió a Salomón en su lugar. Sadoc permaneció fiel hasta el final, por su fidelidad, Dios profetiza y declara en Ezequiel 44:15 que:

Más los sacerdotes levitas hijos de Sadoc, que guardaron el ordenamiento del santuario cuando los hijos de Israel se apartaron de mí, ellos se acercarán para ministrar ante mí, y delante de mí estarán para ofrecerme la grosura y la sangre, dice Jehová el Señor.

Sadoc como asimismo el profeta Natán tuvieron éxito cuando lograron que Salomón fuera coronado rey, antes que los esfuerzos de Adonías alcanzaran su objetivo.

[32] Entonces el rey David ordenó: «Llamen al sacerdote Sadoc, al profeta Natán y a Benaía, hijo de Joiada». Cuando ellos llegaron a la presencia del rey, [33] él les dijo:- Lleven a Salomón y a mis funcionarios hasta el manantial de Gihón. Salomón irá montado en mi mula. [34] Una vez allí, el sacerdote Sadoc y el profeta Natán lo ungirán rey de Israel. Hagan sonar el cuerno de carnero y griten: "¡Que viva el rey Salomón!". [35] Luego escóltenlo de regreso, y él se sentará en mi trono. Él me sucederá en el trono, porque yo lo he nombrado para que sea gobernante de Israel y de Judá.1 Reyes 1:32-35 [NTV]

Con su deposición Sadoc terminó el dominio de la línea de Elí y se cumplió la profecía dada por el profeta desconocido.

Por tanto, Jehová el Dios de Israel dice: Yo había dicho que tu casa y la casa de tu padre andarían delante de mí perpetuamente; mas ahora ha dicho Jehová: Nunca yo tal haga, porque yo honraré a los que me honran, y los que me desprecian serán tenidos en poco. 1 Samuel 2:30 [RVR1960]

Como resultado de su actitud, Abiatar fue depuesto del sacerdocio por Salomón y enviado a su hogar en Anatot. Sadoc quedó como el único sumo sacerdote y continuó desempeñando ese cargo hasta su muerte.

Este es un ejemplo de la seriedad del servicio a Dios y Él honrará a quienes le honren.

SADOC REPRESENTA AL FIEL HOMBRE DE DIOS

El nombre de Sadoc significa: *"uno que es probado recto"*. Hemos explicado anteriormente que Sadoc no solo reconoció la unción sobre David, sino que permaneció fiel a su lado.

...Esto son los que vinieron a David en Siclag ...y Sadoc, joven valiente y esforzado, con veintidós de los principales de la casa de su padre." 1 Crónicas 12:1, 28 [RVR1960]

Muchos fueron los que se pusieron al lado de David reconociendo la unción sobre su cabeza. Los hijos de Sadoc, quienes son leales a su Señor hasta la muerte, serán ministros directamente de Dios en el cielo.

Otros se limitarán a permanecer a las puertas de la corte exterior (lejos del trono de Dios).

Sadoc será recordado para siempre por su inquebrantable lealtad, sumisión y obediencia a lo que Dios puso sobre él en autoridad y todos aquellos que siguen su ejemplo se llamarán los hijos de Sadoc.

¡Así es hoy en día! Mientras el mundo entero está bajo perdición en medio de perversidad jamás vista, Dios aún tiene a sus hombres santos sirviendo en su altar. ¡Él aún tiene un sacerdocio Sadoc, fiel en toda la Palabra de Dios!

Notas

_____

_____

_____

_____

_____

_____

_____

_____

_____

_____

_____

BIBLIOGRAFIA

Diccionario *Strong*

Diccionario de la *Real Academia Española www.rae.es*

Diccionario Bíblico

Biblia *Plenitud*

Biblia *McArthur*

Blue Letter Bible. www.blueletterbible.org

Bible Gateway. www.biblegateway.com

The Red Hiefer. Jim Staley.